四川外国语大学重庆非通用语学院
系列研究丛书

趣味外交学

Marriage VS Diplomacy
A Metaphorical Perspective

谌华侨 等·编著

时 事 出 版 社
北 京

图书在版编目（CIP）数据

趣味外交学/谌华侨等编著. —北京：时事出版社，2019.3

ISBN 978-7-5195-0263-8

Ⅰ.①趣… Ⅱ.①谌… Ⅲ.①外交学—通俗读物 Ⅳ.①D80-49

中国版本图书馆 CIP 数据核字（2018）第 219903 号

出 版 发 行：时事出版社
地　　　址：北京市海淀区万寿寺甲 2 号
邮　　　编：100081
发 行 热 线：（010）88547590　88547591
读者服务部：（010）88547595
传　　　真：（010）88547592
电 子 邮 箱：shishichubanshe@sina.com
网　　　址：www.shishishe.com
印　　　刷：北京旺都印务有限公司

开本：787×1092　1/16　印张：10.75　字数：130 千字
2019 年 3 月第 1 版　2019 年 3 月第 1 次印刷
定价：88.00 元

本书系重庆市社会科学规划普及项目研究成果

目录

contents

前言 / 1

导论　趣味外交学:婚恋外交的尝试 / 1

第一章　自梳女的独身主义与英国的均势主义 / 6

第一节　自梳女 / 7

第二节　自梳女与均势主义的同构性 / 11

第三节　英国的均势主义 / 16

第二章　见面礼——国礼 / 24

第一节　见面礼 / 24

第二节　国礼 / 26

第三节　见面礼与国礼的相似性 / 29

第四节　外交学案例——作为国礼的大熊猫 / 32

第三章　棒打鸳鸯——英国作梗　印巴分治　/　39
第一节　什么叫“棒打鸳鸯”　/　39
第二节　谁给了大棒“法力”叫停爱情　/　40
第三节　英国作梗　印巴分治　/　43

第四章　婚前协议——条约　/　53
第一节　婚前协议　/　53
第二节　条约　/　60
第三节　婚前协议与条约的相似性　/　71
第四节　外交学案例——中国和澳大利亚的自由贸易协定　/　72

第五章　罗密欧与朱丽叶——美苏冷战中两德的“爱恨纠葛”　/　77
第一节　罗密欧与朱丽叶的爱情故事　/　78
第二节　婚姻互动与外交互动　/　88
第三节　美苏冷战中两德的“爱恨纠葛”　/　90

第六章　相互扶持与英法同盟　/　100
第一节　相濡以沫的爱情故事　/　101
第二节　相互扶持与英法同盟的相似性　/　104
第三节　英法同盟　/　109

第七章　闪婚闪离——苏德密约　/　117
第一节　闪婚闪离　/　118
第二节　苏德秘约　/　122
第三节　闪婚闪离和苏德密约的相似性　/　135

第八章　威廉与玛丽的联姻外交　/　138

第一节　开场白　/　138

第二节　信息介绍　/　139

第三节　好戏上映　/　142

第四节　好戏点评　/　151

第五节　好戏再现　/　151

第六节　好戏互动　/　157

尾论　趣味外交学:未尽的尝试　/　160

前　言

如何在大学里与线上线下的花花世界争夺学生的注意力？

自从教以来，笔者一直被一种现象所困扰：学校的硬件日益完善，食堂的膳食也相较于自己读书时更为可口，教师的教学手段愈加先进，教学内容也渐进更新，但学生的学习效果却并不见成比例地增长。对于在信息时代成长起来的新一代大学生而言，外部世界具有太多的吸引力，人的注意力成为宝贵的有限资源。如何和缤纷多彩的网络虚拟世界和城市生活争夺刚从高考“指挥棒”下解放出来的学生的注意力，成为大学教师面对的重大课题。

为此，笔者试图与不同年级、不同专业的学生交流，尝试找到其中的原委——何故在大学的学习会是现在的样子。虽然答案因人而异，但其中被反复提及的一点是大学的学习很无趣。如果撇开个人的主观偏见，似乎所学内容是否有趣是影响大学生学习兴趣的重要因素。从多年的教学实践来看，在其他条件既定的情况下，授课是否有趣确实能影响学生的学习积极性和效果。

刚走上讲台不久，笔者困惑于如何组织有效的课堂教学，于是多方请教一线资深教师，并与志同道合的同事和学生一起探索一条将曲高和寡的外交学内容与平民百姓普通生活结合起来的路径，期待通过这样的尝试，找到将“阳春白雪”和“下里巴人”结合起来的可行方式，从根本上提升学科专业的趣味性，提高学生的课堂参与度。

本着这样的出发点，笔者率先在低年级的《外交学概论》课程上进行了初步趣味尝试，并积极申报社会科学普及项目。尤其是在课题开题过程中，与会专家建议继续深挖“趣味”二字，做大做强趣味外交的体系。得到专家的鼓励后，笔者对《国际关系理论》《国际战略分析》《国际法概论》《国际热点问题分析》等相关课程进行了系统化的趣味探索，分别从隐喻、影像、图片等方面进行了趣味再造。在课程实验的基础上，笔者先后带领学生申报了多项大学生创新创业训练计划项目、多类型“互联网+”项目以及相关专业赛事活动，学生的参与性、实践性显著提高，综合能力得到明显提升。

在时事出版社编辑部主任谢琳女士的鼓励和建议下，拟将把相关内容陆续集结成册，予以出版，以飨读者。

本书旨在通过婚恋来隐喻外交，是趣味外交学的初步尝试。期待有更多人的加入到趣味化的努力中来，让更多的学生忠于自己的所学专业，并通过所学，将趣味传递到生活的每一个方面。

谌华侨

2018 年 11 月

导　论

趣味外交学：婚恋外交的尝试

一、其他学科的趣味化尝试

国内外已经有很多对学科进行趣味化展示的尝试，尤其是在学科发展过程中，趣味化展示为学科的发展起到了极大的推动作用。

（一）自然科学的趣味化努力

自然科学是科普读物的发轫处，因为晦涩的知识需要通过科普读物来拉近与人们的距离。《别莱利曼的趣味科学——七天玩转趣味物理》《课堂上听不到的趣味数学知识》《课堂上听不到的奇趣生物知识》《课堂上听不到的神奇化学知识》《漫画微分方程》和《趣味几何学》等自然科学科普读物，将有趣的故事情节、时尚的漫画人物造型、细致的内容讲解有机地融合起来，让这些学科走近普通民众。

（二）社会科学的趣味化努力

经济学作为社会科学之王，在其发展过程中，也进行过大胆的趣味化尝试，为社会科学的科普提供了范例。国外的经济学科普读物如《经济学百科》《魔鬼经济学》，国内的经济学读物如《生活中的经济学》《王二的经济学故事》《趣味经济学丛书：趣味博弈学》《趣味经济学丛书：趣味管理学》和《趣味经济学丛书：趣味营销学》等，均将学科知识与故事或典型案例进行结合，通过故事或案例来展现经济学思想。

在政治学方面，国内学者编著的《图说政治学》，采用直观的图文呈现手法，引入“图说”理念，用通俗易懂的叙述语言讲述政治学的发展历史，记录政治学大师的人生历程，阐释政治学的重要理论。美国艾默里大学灵长类动物行为学教授弗朗斯·德瓦尔（Frans de Waal）的《黑猩猩的政治——猿类社会中的权力与性》尤为值得一提，作者用平易而又风趣的笔调描述了在黑猩猩群落里围绕权力和性展开的各种复杂政治斗争，阐释了黑猩猩的政治。这本科普读物以跨学科的形式展示了人与猿之间的基本相似性。通过人类的近亲黑猩猩，作者洞悉了人类最基本的需求和行为。

（三）学科趣味化的趋势

从既有科普读物来看，自然科学大多采用图片和故事相结合的方式来展示学科内容，社会科学尤其是经济学主要通过故事或典型案例来展现学科思想，政治学者采用图片和故事的方式来展现学科思想。政治学的顶级科普读物则在此基础上采用隐喻的方法，通过研究他者来解释自我的特性。

但在既有的科普读物中，尚未有学者对外交学进行过此类尝试。趣味外交学旨在通过婚恋来研究外交学，内容包括婚恋和外交的主体、关系、执行者、目的、基础、方式、行动等方面。

二、选题意义

本研究旨在通过新体例、新形式和新内容来展示外交学的趣味性，改变外交学在人们心目中“阳春白雪”的地位，让更多人理解外交的实质，理解外交学对于日常生活的重大意义，这将为外交学的普及起到十分重要的作用。

不仅如此，对外交学进行趣味化展示，将会吸引更多人关注外交学，认识中国外交，这有助于为中国外交赢得更多的支持力量，为中国的对外交往争取更多的积极因素。希望我们的尝试能为中国的外交事业贡献微薄的力量。

三、研究思路

本研究总体上采用隐喻的方法，通过婚恋来展现外交学的精髓。之所以选用婚恋作为外交的类比对象，是因为婚恋和外交一样属于关系本位，反映的都是主体之间的状态属性，而且婚恋是人类社会延续时间最为久远的活动之一，将为本研究提供丰富的素材。

四、研究方法

（一）类比研究

本研究选用婚恋作为外交的类比对象，将婚恋视为一个历史过程进行剖析，以此来展现外交学的主要内容，并通过图片、故事、简笔画等多种方式来展现其精髓。

（二）双语比较研究

本研究将发挥中英双语团队力量，挖掘中文和英文双语案例库，通过比较两种语种中的婚恋和外交来讲述外交轶事，增强本书的可读性。

（三）案例研究

针对每一章内容精选中外案例，以佐证本章的论证逻辑，并形成相应的婚恋外交学案例，力求全面表达婚恋与外交的深刻关系。

五、分工安排

本研究是团队合作的结晶，是教学相长的具体呈现，所有内容均按照集体商议、分头实施、集中统稿的方式进行，各章的执笔人如下：

自梳女的独身主义与英国的均势主义	马军兰
见面礼——国礼	谌华侨
棒打鸳鸯——英国作梗　印巴分治	张　庆
婚前协议——条约	谌华侨
罗密欧与朱丽叶——美苏冷战中两德的“爱恨纠葛”	郝　楠
相互扶持与英法同盟	马军兰
闪婚闪离——苏德密约	张乐超
威廉与玛丽的联姻外交	阳天天

全书由谌华侨最终负责统稿。

全书之所以采用这样的编排方式，主要是基于婚恋的发展逻辑。一般而言，婚恋的发生与发展主要沿着时间顺序展开，大致经过书稿所选择婚恋主题的这几个步骤，而与这样的婚恋内容相对应，就形成了本书框架中的外交主题，其中最后一章可以视为婚恋与外交问题交融的典型案例。婚恋与外交的同构性如下表所示：

婚恋	外交
自梳女的独身主义	英国均势主义
见面礼	国礼
棒打鸳鸯	英国作梗　印巴分治
婚前协议	条约
罗密欧与朱丽叶	美苏冷战中两德的“爱恨纠葛”
相互扶持	英法同盟
闪婚闪离	苏德密约
威廉与玛丽的联姻外交	

第一章

自梳女的独身主义与英国的均势主义

曾有人说“结婚证就像驾驶证，获得驾驶证并不能保证你不出事故”，这句话引申的含义就是浪漫、温馨的婚姻也暗含着伤害与束缚。就像《没那么简单》中所述，看过那么多关于爱情和婚姻的背叛，宁愿选择自由自在的独自生活。当今社会，独身主义已逐渐被大众所接受，而封建社会背景下的自梳女则要依靠“姐妹团”“金兰契约”“群居”等形式来对抗“男大当婚，女大当嫁”的传统婚姻观，终生不寻找人生伴侣，以追求自我发展与自由。

婚姻的背叛与伤害催生了独身主义，而国际社会的无政府状态亦增加了国家联盟的危险系数，如盟友的背叛与反戈。英国首相丘吉尔曾说过：“没有永远的朋友，也没有永远的敌人，只有永远的利益。”这句话最好地诠释了英国灵活的外交政策：不会与任何一国建立永久的友好关系，通过孤立主义和干预政策实现欧洲均势，以保持独善其身与国家利益最大化。

本章将运用独身主义的典型案例——自梳女来讲述日不落帝国盛行一时的均势主义。

第一节　自梳女

一、“自梳女”的由来

“遇人不淑”“男怕入错行，女怕嫁错郎”等俗语折射出封建社会女子婚姻的不幸与无法掌握婚姻自主权的悲哀。而在中国东南沿海一带，却有着一个鲜为人知的群体，其通过“自梳”或“梳起”仪式拒绝踏入“三从四德”的婚姻生活，这一群体就是自梳女。

自梳女起源于明末，历经明朝、清朝、民国三个发展阶段。珠江三角洲地区的顺德、番禺、中山、南海是自梳女的聚居地，她们通过特别的盘髻仪式宣誓独身终老，而接受此仪式的独身女性就被称为自梳女。

中国自古便有“女子临嫁始髻，男子临娶始冠”的传统，因此“盘头梳髻”成为结束少女时代步入婚姻阶段的必经仪式。自梳即“束髻”仪式与出嫁仪式同等重要，隐喻已出嫁。中国古典礼仪制度中的“冠笄礼”就是以改变头发的样式为标志的，《礼记・内侧》中载：女子“十有五年而笄”。笄，即簪子，意思是女子到了十五岁，用簪子把头发盘起来以示成年，一般是在结婚前举行。梳髻主要有两层含义：一是表示成年，二是娶嫁的重要礼仪。出嫁前，请长辈给新娘“上头”，即把辫子盘成发髻，以示少女时代结束，开启为人妻母的阶段，通过发式的改变来宣告身份的改变。自梳仪式与出嫁仪式的不同之处在于：主要是由年长的自梳女为宣誓独身的女子束髻，而出嫁仪式是由新娘的长辈为其束髻。

二、隆重的自梳仪式

自梳仪式比较复杂，一般包括十个环节：择日、例宿、沐浴、传授心法、祭祀、梳髻、夽妆、鸣炮、回门、摆酒。

择日，与一般的婚丧嫁娶一样，就是选择黄道吉日举行自梳仪式。例宿，是指自梳女完成自梳仪式后，必须居住在姑婆屋、斋堂或其他自梳女屋内数日，以表示脱离父系家族。沐浴，是指在姑婆屋或其他自梳女家中香薰沐浴，以达到净身驱邪之目的。传授心法，是指志同道合的自梳女向准备自梳的女子传授如何坚持独身，如何应对舆论压力以及独立谋生的办法。祭祀，一般是在凌晨时分举行，当自梳女准备好贡品后，需要在当地神庙或姑婆家门口祭拜神灵，矢志不嫁。梳髻，在民间亦称为“上头”，由年长的自梳女拆开原来的辫子。夽妆，是指在年长自梳女的帮助下梳妆，完成梳髻仪式，穿戴新衣、新裤、新鞋的过程。鸣炮，是指在祭祀、梳髻和夽妆之后，自梳女需要再次拜神灵及祖先，以表示敬神、驱邪，告知乡绅和亲朋好友。回门，主要有四个作用：一是禀告父系家族女子已婚事实；二是向社会宣告自梳女已获得家族的认可；三是向社会公众公示自梳女“已婚”；四是感谢父母的养育之恩。摆酒，一般在回门当天晚上举行，宴请亲朋好友和宗族乡党，宣布自梳不嫁的已婚身份。

自梳女宣布独身后，往往群居于姑婆屋，在与姐妹相处过程中，情深意切的姐妹之间还会订立“金兰契”“契相知”等更亲密一层的关系。清朝张心泰在《粤游小识》中记述：“广州女子多以拜盟结姊妹名金兰会。加入金兰会的自梳女，坐卧起居，形影不离。”契约姐妹之间必须忠诚于对方，如有违背，必遭鄙视与惩罚。同时，自梳女如若违背独身宣言，要接受“浸猪笼”的惩罚，即将自梳女关入猪笼内沉入激流中。

三、“不落夫家”的自梳女

不落夫家属于自梳女的一种特殊形式，指一些少女迫于父母之命，无法自梳，选择举行完婚礼后长期居住在母家或姑婆屋。一般来说，不落夫家有父母是否赞同两种情形。第一种情形是父母不赞同，子女自梳，临嫁前由姐妹团传授应对之法，并缝制防御衣，同时随身携带剪刀、绳子和砒霜作为自卫工具。立志自梳的女子会由大妗陪伴入门，其作为姐妹团的内应，会在听到呼救后告知金兰姐妹，她们就会群涌而入将其救出。三朝回门时，大妗会做内应帮助姐妹花逃离夫家，住在姑婆屋。如果夫家来找，金兰姐妹出面对夫家提出不落夫家的要求，并赔偿一定金额，新娘才可返回娘家。若逃出后被夫家缉获，或被父母送回夫家，自梳女不肯屈服，以死相逼时，姐妹团便会群集到夫家问罪。

第二种情形是父母赞同下的不落夫家。父母心疼女儿嫁过去受气，但又担心女大不嫁会给娘家带来霉运，故采用“买门口”的形式为自梳女解决死后的归宿。“买门口”有两种方式：一是嫁的丈夫是活人，但女方出钱为夫家纳妾，待到新娘和新郎拜堂之后，新娘返回娘家，小妾与丈夫长住，之后自梳女在临死时才抬回夫家；二是将自梳女嫁给死人，以便老死夫家。女方要给婆家一笔“买门口”的钱，之后驻扎姑婆屋或娘家，直到死后才可回到夫家。

四、自梳女的历史变迁

兴起期（明代中后期到清代初期）。此时，自梳女规模较小且以独居为主，谋生方式以种植桑葚等循环产业为主。在此阶段，她们受到家族和社会的干扰较多，承受的压力较大。

盛行期（清代初期到民国中期）。自梳女规模逐渐扩大，获得社会认可，并对社会产生了一定影响。据健在的容奇镇七十高龄的自梳女沈全讲，过去顺德有一缫丝厂，一千人中有八百人是自梳女，此现象已蔚然成风。“姑婆屋”“冰玉堂”是她们生活的基地。她们彼此形成一个团体，组织自梳仪式，抗拒社会和父系家族逼婚的压力。也有一种说法是，自梳女呈现同性恋特点，情谊较深的自梳女会缔结金兰契，二人共同居住，彼此扶持。当时中国正处于资本主义萌芽时期，南方纺织业逐渐兴起，自梳女以缫丝谋生，纺织业的发展使得自梳女在经济方面变得独立。她们会以自己的能力帮助改善家里的生活，相应地，她们的社会地位也得到社会更多的认同。

衰落期（民国中后期）。在战火纷飞、军阀割据的年代，纺织业如昙花一现般凋零，自梳女的命运也随之飘摇，她们如水上浮萍一样，开始了远渡南洋的漂泊之旅。新加坡在这段时间鼓励移民，而自梳女为了谋生，在姊妹们的介绍和带领下选择背井离乡，远渡南洋。新加坡作为英属殖民地，整个社会环境非常自由开放，尊重个人选择，社会不再监视她们是否违背了当初自梳仪式中的誓言。虽然有同乡会作为自梳女聚会的场所，但由于每个人都散居新加坡各地，聚少离多，监督作用自然有限。自梳女到南洋的工作大多是做女佣，俗称“妈姐”。她们凭借吃苦耐劳、任劳任怨、忠诚可靠的品质，博得主家的信任与偏爱。因为国外的收入远多于国内，她们得以将更多的钱寄回老家，接济自己的亲戚，所以她们的社会地位也得到相应提高。在新加坡，自梳女的另一种职业是妓女，由于大环境较为自由与宽容，加之生存压力大，很多自梳女便选择了妓女这一行业。

虽然在最后阶段，自梳女的地位、经济实力和自由程度都得到改善，可以自由地选择自己的生活方式和生活状态，但也因此失去了延续自梳女传统的纽带——固定的居住场所、群体的工作环境，所以这种散居状态使得自梳女逐渐退出了历史舞台。之后，从南洋归来的自梳女集资建立了“冰玉堂”，供奉着自梳女的先辈，并为健在的自梳女提供终老的场所。

第二节　自梳女与均势主义的同构性

自梳女在对抗传统婚姻的过程与英国采用均势主义对抗欧洲大陆具有一定的相似性。

均势主义与自梳女的同构性主要表现在如表1—1所示的六个方面：制衡原则、理解角色、怀柔战术、发展历程、存在的原因、目的。

表1—1　均势主义与自梳女的同构性

制衡原则	以寡敌众，保持势均力敌
理想角色	独立自主，角色自导
怀柔战术	联盟与干预
发展历程	兴盛衰弱
存在的原因	经济、文化、情感动因
目的	利益与自由

资料来源：笔者自制。

一、萌芽阶段：以怀柔之术实现以寡敌众

“男大当婚，女大当嫁”的婚姻观成为少女少男自主选择是否走进婚姻，以及何时步入婚姻殿堂的桎梏。而坚持独身主义的少女则通过“自梳”的仪式打破传统观念，为追求自己的自主选择权而站在了大众的对立面，抗拒三从四德的婚姻生活。在自梳女的群体中，坚持独身的方式有两种——自梳和不落夫家。不落夫家作为早期女子不婚的形式，遭到父辈家族、同族乡亲的指责和异样的眼光，以及传统风俗的遗弃。因此，在抗拒“父母之命，媒妁之言”，坚持独身的过程中，她们不得不使用怀柔的战术——“买门口”（守墓清）斡旋于母家与婆家。

表 1—2　萌芽时期自梳女与英国均势主义的同构性

主体：寡	制衡对象：众	怀柔战术
自梳女	封建婚姻制度	买门口
英国均势主义	欧洲各国	联姻

资料来源：笔者自制。

而在国际社会中，实力就像传统婚姻观念中的社会压力一样无处不在。英国作为国际关系中的沧海一粟，很难保证自身的自主性与主导权，因此它通过均势外交来对抗欧洲大陆实力强劲的国家。而婚姻中的怀柔战术亦在英国早期的均势政策中表现得淋漓尽致，如亨利八世与伊丽莎白一世统治时期，他们以婚姻作为筹码获取他国的联合，打败早期素有“海上马车夫”之称的荷兰与西班牙，建立了“日不落帝国”。

二、兴盛阶段：联盟与直接干预实现角色“自导”

在与父系家族乃至整个社会抗争的过程中，坚持独身的自梳女的目标一方面是充当自己人生的主角，掌握婚姻的主导权；另一方面，她们不想做男人的配角，不愿遵守“未嫁从父，既嫁从夫，夫死从子”的婚姻协议。随着资本主义的早期萌芽和纺织业的繁荣，大多数自梳女实现了经济独立，间接地扩大了独身群体，并对当地社会产生了一定影响。例如，不落夫家的独身主义者借助自梳女姊妹们的干预，脱离夫家与母家的控制，实现自梳。同时，“金兰契”也为她们提供了精神上的寄托与物质生活上的帮助。

表 1—3　兴盛时期自梳女与英国均势主义的同构性

主体：	理想角色	方式	目的
自梳女	婚姻自导	金兰契	自我发展与自由
英国均势主义	欧洲主角	联合、干预	国家利益与自由

资料来源：笔者自制。

而对于英国来说，它的理想角色是永远充当欧洲势力范围的主角，拥有“日不落帝国”与“海上霸权”的光环。伴随着第一次工业革命的兴起，英国作为工业革命的策源地，极大地享受了这次工业革命所带来的丰硕果实，殖民地几乎遍布全球，对外贸易穿梭于各大洲际。类似的干预政策在英国均势主义的黄金阶段得到多次运用，如联合抑俄、联德抑法。在一战后的《洛迦诺公约》中，英国通过干预对德制裁，达到制衡法国的目的，并借助德国的发展牵制法国实力的增强。

三、衰落时期：妥协退让

在战火纷飞、军阀割据的年代，纺织业如昙花一现般凋零，自梳女群体逐渐消失。此时，新加坡作为英属殖民地，整个社会环境非常自由开放，社会环境的变化使得自梳女走向末路，从畸形的传统观念中摆脱出来，自由追求自己的生活与事业，真正实现了自我发展。所以，一些自梳女违背终生不婚的誓言，在南洋选择结束单身生活，走进婚姻。还有部分自梳女迫于生存压力而选择了妓女这一职业。

表 1—4　衰落时期自梳女与英国均势主义的同构性

主体	妥协方式	结果
自梳女	结束单身或进入妓女行业	群体规模缩小
英国均势主义	放弃孤立主义，采取绥靖政策	无法掌控欧洲

资料来源：笔者自制。

对于英国而言，随着德国法西斯势力范围的扩张，其由绥靖政策转向干预政策，积极参加第二次世界大战。二战结束后，美国通过“马歇尔计划”成为欧洲主角，英国的均势政策就此退出了历史舞台。

四、历史变迁之“背后的故事”

自梳仪式与均势外交产生的原因、地位的维持，以及发展的动因主要得益于经济环境的影响、文化的积淀与各自的心理情感。

表 1—5　存在的原因：经济、文化、情感动因

主体	经济驱动	文化积淀	情感心理
自梳女	南洋经济诱惑	自梳仪式贞洁观念	恐婚情结
英国均势主义	殖民利益	理性与功利主义	帝国自恋情结

资料来源：笔者自制。

（一）经济驱动

在第一次世界大战期间，帝国主义国家忙于战争，无暇顾及其他国家在中国的殖民掠夺，这一有利的国际环境促进了中国纺织业的发展。因此，顺德、中山、南海等地的缫丝业兴旺起来，仅大良镇大小缫丝厂共十七余间，工人达数百人。当时自梳女的收入足以养活整个家庭，随着纺织业的发展，华南地区自梳女独立的经济实力使得坚持不婚的女子数量激增。

初期英国采取均势主义的目的在于争夺殖民地，扩大其国内市场，从而取代西班牙与荷兰在欧洲的霸主地位。当英国建立“日不落帝国”之后，其为维持自身的主导地位而采取孤立主义与干预主义，以平衡欧洲各国之间的实力，防止任何一方打破以英国为首的势均力敌局面。

（二）文化积淀

在《汉书》中，两女相配谓之“对食”。如妇女之契相知，亦师其意而变通之者也，此风已古。粤俗女子三五成群相联不嫁，嫁亦不归，初如顺德、南海等县有之，近则相习成风，随地皆是，诗礼之家亦多渐染。显然，自梳女群体的出现源于古代“对食”的文化传统，是清朝末期至民国初期一种新的呈现形式。

而英国均势主义的文化依托则是理性主义与功利主义。英国作为欧洲第一个民主国家，首先建立了君主立宪制政治体系。他们认为理性是自然界与人类社会行动的规则，国家在追求自身利益的同时，应该避免战争，通过制度与协议解决争端与利益分配。所以，英国主张均势主义，以维持欧洲和平，避免战争的爆发。

（三）心理情感

自梳女对婚姻的恐惧，其实源于她们心理上对婚姻的负面认识，不愿踏入盲婚哑嫁的包办婚姻。其一是对婚姻生活的恐惧。关于民国版的恐婚族，从地方流传的歌谣中可见一斑，如“鸡公仔，尾弯弯，做人媳妇甚艰难”，对待新娘“其情状若囚犯之行刑，新娘多有不胜其苦，而当堂痛哭者”，因此未婚少女担心出阁后必将事事受夫家束缚，故选择“梳起”不嫁。其二，影响英国均势主义外交也有两方面的心理认知：第一，认为联盟不利于国家根据本国意愿做出战略设计，而必须考虑盟友的利益，盟友的冒险行为也将有损自己的利益；同时在无政府状态下，当彼此存在利益纷争时，更容易遭到背叛与破裂。第二，英国自恋的帝国主义情结。13 世纪，英国的《大宪章》《牛津条约》开启了西方的宪政源头；17 世纪，英国通过光荣革命成为欧洲第一个民主国家，为西方资本主义国家树立了榜样。在实行均势外交期间，英国处于鼎盛时期，统治着全球 1/3 的疆域，因此英国对于均势主义情有独钟。

第三节　英国的均势主义

通过第二节自梳女与均势主义的对比，第三节将从萌芽期、兴盛期与衰落期三个发展阶段选择典型案例剖析均势外交的发展与特点。

一、萌芽时期——婚姻维系下的均势外交

亨利八世是亨利七世与伊丽莎白的次子，于1905年继承王位，成为都铎王朝第二代君主。虽然亨利七世通过与法国结盟，同神圣罗马帝国及荷兰和解，使英国与欧洲的贸易得以顺利开展，并通过联姻外交与西班牙结为军事同盟，但由于受内耗巨大的玫瑰战争的影响，其国力尚未恢复。此外，英国依然是一个以农业为主、毛纺织业并不发达的社会；英格兰和威尔士的总人口大约300万，不及西班牙的一半，仅相当于法国的1/6；战争所需资源几乎均需从海外以重金购买，制造火药所需的硝盐在英国闻所未闻，英国士兵大多从意大利和德意志招募，军粮从荷兰采购。

在国力衰微的情况下，亨利八世为积蓄自身力量，仍然延续其父的婚姻外交，在继任前不久迎娶长兄亚瑟的妻子即自己的嫂子凯瑟琳（西班牙公主）。亨利七世在世时，为与阿拉贡国王斐迪南二世及卡斯蒂利亚女王伊莎贝拉一世缔结同盟，让其长子亚瑟聘娶西班牙公主凯瑟琳。但好景不长，亚瑟与凯瑟琳结婚仅4个月后，亚瑟猝死。为了联合西班牙抑制法国，亨利七世将凯瑟琳作为次子亨利八世的王后挽留在英国。

在对欧事务上，虽然亨利八世延续了婚姻外交，但其外交政策变得更积极、主动。1512—1514年，亨利与西班牙、罗马帝国结为反法同盟，并亲自带领军队入侵法国，在法国北部奎内加特大败法军。随后英国与法国缔结合约，获得法国大笔贡金，同时与之进行联姻外交，暂时缓解了与法国的矛盾。此外，支援法国的苏格兰在

英格兰北部被打败，国王詹姆斯四世阵亡，由亨利八世外甥詹姆斯五世继位，双方的关系也因此得到改善，英国北部实现了稳定。此后不久，1518 年英国的英格兰与欧洲列强签署了《伦敦合约》，英国获得极大的政治利益。

但由于亨利八世偏离均势外交，英国陷入内外交困的窘境。1519 年，亨利八世未被选为神圣罗马皇帝，来自西班牙的查理成为罗马帝国的新皇帝，西班牙、奥地利由此缔结联盟，实力大增。1521 年，法西战争爆发，沃尔西推动英国与西班牙结盟，以便自己获得查理五世的支持，在选任教皇中胜出。但事与愿违，英国最终沦为西班牙的附庸，迅速陷入财政危机，引起国人的强烈不满。当时法国实力逐渐衰落，西班牙实力与日俱增。

亨利八世的联姻外交属于英国均势外交的萌芽，势单力薄的英国为实现其国家利益，斡旋于各强国之间。

二、兴盛时期——日不落帝国主导下的《洛迦诺公约》

自沃波尔执掌政权以来，英国的海上实力逐渐增强，17 世纪建立日不落帝国，欧洲列强难望其项背，英国成为维也纳体系的维护者。进入 19 世纪，英国成为欧洲的主角，确立其霸权地位。鼎盛时期，英国均势主义的手段表现在两方面：孤立主义与干预政策。以往积极干预欧洲事务，承担责任与义务的手段已与帝国的身份不相符合，因此此阶段英国采取孤立主义与适时的干预政策，以使自己置身事外，隔岸观火，以静制动，从而保障自身最大的行动自由。迪斯雷利的外交大臣德比伯爵曾宣称，在整个 19 世纪上半期，英国凭借其雄厚的经济实力和强大海军的物质基础，使得自身孤立于欧洲大陆之外，利用大陆列强间的矛盾消耗彼此，从而进一步保全英国的大国地位，维护其海外商业利益。《洛迦诺公约》充分体现了英国在干预政策中掌握的话语权。

第一次世界大战后的巴黎和会不仅没有解决帝国主义国家间的矛盾，反而使得矛盾变得复杂化。为了缓解德法之间的关系，1925年道威斯计划通过，英、法、德等七国在瑞士签订《洛迦诺公约》，重新调整《凡尔赛条约》对边界的划分。

《洛迦诺公约》的主要内容有以下几点：

其一，德、比、法、意、英之间的《相互保证条约》规定，德、法、比相互保证德比、德法边界不受侵犯，遵守《凡尔赛和约》关于莱茵区非军事化的规定，英、意充当保证国，承担援助被侵略国的义务。

其二，德比、德法、德波、德捷之间的《仲裁条约》规定，德国与比、法、波、捷使用和平方式解决彼此间纠纷，每一组缔约国分别设立一个常设调节委员会处理双方间的问题。

其三，法波、法捷间的《保障条约》规定，在抵御遭受的无端袭击时相互支援，条约保证德国和西部邻国的边界现状。

《洛迦诺公约》的实质是英国"扶德抑法"的均势政策。第一次世界大战后，法国一方面欣喜于德国的惨败，另一方面也担心德国未来可能采取报复行为。在《凡尔赛条约》中，法国将分离德国莱茵河左岸领土作为削弱德国计划中的核心部分。而德国为恢复自身的实力，抵制对法国的巨额赔款和边界限制，同时为了表示德国的发展不会成为欧洲潜在的威胁，草拟了一份安全保障协议，并请其他国家为其做担保。其实早在1924年12月底，英国驻柏林大使与德国国防部部长会谈时，就表示同意保证德国的西部莱茵河边界。据英国驻柏林大使记录：1925年2月，英国外交部中欧司曾起草过一项备忘录，主张通过谈判签订安全保证条约。由于该倡议与法国限制德国发展的计划针锋相对，双方在经过激烈的讨价还价后，法国做出妥协，以莱茵区的非军事化、协约国占领莱茵左岸 15 年为条件，制定了维护自身安全的对德新协议。

第二次世界大战后，英国在日内瓦国联中就裁军问题与各国进行了旷日持久的谈判，谈判的主要问题是：是否承认德国的军备平等问题。德国在加入国联后同战胜国一起准备裁军会议，并要求军备平等；但法国主张“安全先于裁军的原则”，否则《凡尔赛条约》中关于限制军备的条款将毫无意义，法国将失去安全感。而英国一方面不希望德国因此走向革命道路，另一方面为保持欧洲大陆势均力敌的平衡状态，无视《凡尔赛条约》的相关规定，提出了一个裁军公约的草案——“麦克唐纳计划”。

该计划的规定包括：

其一，允许德国陆军从原定的 10 万人限额增加到 20 万人，并取消原来限制德国海军的条款。其二，法国陆军从 60 万人减少到 40 万人，在国内保持 20 万人，另外 20 万人承担海外义务。同时，要求法国加入伦敦海军条约，接受此条约的约束。

英国之所以能促成《洛迦诺公约》与“麦克唐纳计划”，得益于英国的大国地位。在英法矛盾中，法国为了在条约其他方面得到英国的支持，选择退而求其次，让渡自身的国家利益和政治野心。

三、衰退时期——英国被迫加入欧洲一体化

第二次世界大战后，美苏争霸的两极格局形成，美国成为唯一有能力抗衡苏联“共产主义”势力的主要行为体。此时的欧洲各国在经历过二战洗礼后，综合实力下降，百废待兴。英国的国家实力

也江河日下，其经济、军事实力已无法保持英国在欧洲的主导地位，同时战后德国的分裂也使英国面临苏联的威胁。为恢复元气，保障自身的安全，英国不得不追随美国，以获得马歇尔计划的援助。

虽然战后英美在经济、安全领域存在诸多共同利益，但在蜜月期也潜藏着与日俱增的矛盾，主要体现在美国“新殖民主义”与英国“旧殖民主义”之间的争夺、英国核武器发展问题、欧洲一体化三个方面。其中，英国被迫加入欧洲一体化最能体现美国对英国均势主义的制衡。

二战后初期，丘吉尔成为推动西欧联合的首位倡导者，1946 年他在苏黎士大学的演讲中说道：“战争已停止，但危险并未过去。如果我们要建立欧洲合众国，那我们必须现在行动。”

外交大臣贝尔在讨论英国的欧洲政策时强调：主要是建立本国与地中海、大西洋沿岸国家的密切关系，不仅应在政治方面加强合作，也应加强彼此在商业经济方面的往来。但考虑到英法主导的西欧联盟可能会削弱英国与美国亲密无间的特殊关系，因而英国将这一计划暂时搁浅。而后，1947 年美国的马歇尔计划和北约将欧洲囊括于美国的羽翼下。美国为减轻本国在欧洲的责任与义务，试图以整个欧洲为基础建立欧洲自由贸易体系——欧洲经济合作组织。在英美相继提出西欧联盟的观念后，欧洲各国纷纷响应，认为不仅可以复兴欧洲的经济，而且可以作为遏制苏联的第三力量保障欧洲的安全。

美国提出的欧洲经济合作组织虽然与英国“西欧联盟”的观念不谋而合，但英国仍沉浸在日不落帝国的霸主情怀中，所以对美国的欧洲经济组织并不感兴趣。正如丘吉尔所言：“一个更加富足的、自由的、满足的欧洲共同体会给欧洲带来好处与希望，但我们有我们的美梦和任务。我们虽然同在欧洲，但并不属于欧洲。”这一观点代表着英国老一代政治家的心理认知，虽然英国的安全、经济发展与欧洲休戚相关，但英国作为影响全球的帝国，不愿因支持美国的欧洲一体化而丧失自己帝国的身份，卷入欧洲的日常琐事中，丧失自我决策、制衡的自由。对于英国冥顽不化的态度，1950 年比利时外交大臣斯巴克在美国费城发表演讲时，警告英国不能再扮演“制衡者”的角色，它必须加入欧洲。但英国对于美国的警告置若罔闻，并且工党政府拒绝舒曼计划和普利文计划，游离在一体化进程之外。1955 年，法国、联邦德国、意大利、荷兰、比利时和卢森堡的外长在意大利的墨西拿召开会议，一致同意创建欧洲共同体，但英国对美国的欧洲共同市场提出挑战，企图通过建立包括六国共同市场的大自由贸易区，以调整它与欧洲六国的关系，从而维持英国在欧洲的话语权。计划受挫后，英国又组建了七国自由贸易联盟，这一计划也以失败告终。面对欧洲一体化的成功，英国认识到其既定的欧洲政策陷入困境，均势主义已无法维护大英帝国的国家利益。随后，英国向美国妥协，加入今天的欧盟。

由上可见，首先，本章以独身主义的典型案例自梳女为切入点，讲述了自梳女的起源、仪式以及历史形成；其次，从三个方面阐释自梳女与英国均势主义的同构性，重点讲述了两者在萌芽、兴起、衰落三个时期的发展特点，以及登上历史舞台背后的三个原因——经济驱动、文化积淀和心理认知；最后，根据均势主义的三个发展阶段及特点，选择每个阶段的典型案例，详细展示了不同阶段英国均势主义的特点及其背后的原因。

参考文献

1. 李宁利："自梳女的'婚嫁'象征"，《民族研究》2004 年第 5 期。

2. 三水县民间文学三套集成编委会编：《中国民间文学三套集成广东卷三水县资料本》，三水县民间文学三套集成编委会 1987 年版。

3. 饶林海编：《顺德人顺德事，从农村到城市的嬗变（1949—2013）》，广东旅游出版社 2013 年版。

4. 叶春生：《顺德民俗解码》，黑龙江出版社 2005 年版。

5. 天海蓝：《草明评传》，中国文史出版社 2013 年版。

6. 刘志文：《广东民俗大观》（上），广东旅游出版社 2007 年版。

7. 袁明主编：《国际关系史》，北京大学出版社 2005 年版。

8. 王绳祖主编：《国际关系史》，法律出版社 1998 年版。

9. 方连青、王炳元、刘金质主编：《国际关系史》，北京大学出版社 2001 年版。

第二章

见面礼——国礼

第一节　见面礼

一、见面礼的基本内容

见面礼原指初次见面时馈送的礼品。小辈初见长辈，应向长辈行礼，长辈应给小辈一些礼品或钱币。后来，其也指各种各样的见面礼。

见面礼也可指男女朋友初次到对方家时，送给长辈的礼物或长辈送给晚辈的礼物。在中国的婚恋关系中，青年男女确立恋爱关系后，女方第一次到男方家时，男方父母要送给女方“见面礼”。在此之中，涉及到婚姻生活中最重要的一组关系——婆媳关系的开局，这对小两口的婚姻生活将产生重要影响。

二、中国见面礼之变迁

解放初，人民政府多次颁布和修改《中华人民共和国婚姻法》

和《婚姻登记条例》，废除包办买卖婚姻制度，实行婚姻自主，社会男女自由恋爱之风大兴。中华人民共和国成立后，男长至二十岁左右、女至十六七岁，父母须先“相亲”，即双方在侧面相看，或女方长者到男方家“看房”，若心中满意，方托媒（介绍人）“提亲”。经媒介联姻，约好时间、地点“见面”，男方招待，一般会备下见面礼（有的地方时兴过一身衣服和四样礼）。如女方收礼，即表示同意，双方回家后告知家人。

起先，见面礼主要是衣物等日常生活物品，改革开放后，逐步发展到随身佩戴的物品。现在，这个见面礼演变成“彩礼”，数额不上万、礼品不体面，女方家感到面上无光，就可能不同意。现实中，的确有男子因拿不出像样的彩礼而结不了婚的情况，他们谴责部分女子把钱看得比什么都重，谴责女方的父母是在卖女儿。

三、见面礼案例

电影《见面礼》

该电影由上海电影制片厂摄制于1980年，影片通过前进伞厂的杨厂长送给丈母娘的一件见面礼——一把质量不合格的自动伞所引起的风波来展开故事。电影讲述的是前进伞厂月月超产，厂长老杨非常得意，他精心挑选了一把本厂出品的自动伞，托未婚妻小金带回家，作为给岳母的见面礼。

次日下午，大妈带上老杨送的新伞去相女婿。走到半路，伞忽然自动张开，好不容易关上后，才走几步又不按自开了。大妈上了汽车，刚坐下，伞又开了。伞角扎破了小孩的气球，勾住了姑娘的辫子，勾掉了小伙子的眼镜。乘客们对伞的质量议论纷纷。大妈找到前进伞厂修理部，老杨坚持说毛病出在使用不当上。可是当他自己拿着这把伞时也出了状况，被跳出的弹簧夹破了手。

老杨冒雨去赴约会。一位老人见他没伞，主动跟他合打一把伞。忽然，黑水从印有“前进”商标的伞上流下来，滴在老杨的背上。他跑到屋檐下避雨，一位抱小孩的大嫂吃力地把伞撑开，刚刚举起，伞面就滑了下来，反复多次。

来到餐厅，老杨意外见到大妈，十分尴尬。老杨照镜子时，大妈发现镜子背后女儿小金的照片，断定此人就是未来的女婿。于是，她拿定主意要“教训”他一下。大妈严肃地批评伞厂的工作，老杨强词夺理。顾客们得知老杨就是前进伞厂厂长，都围拢上来，同声谴责伞厂害人。直到小金跑进餐厅，老杨才知道面前这位老太太就是未来的岳母，顿时呆若木鸡。

老杨回忆起群众对伞厂怨声载道的情况，心里很不安。回厂后，老杨采取措施狠抓产品质量。不久后，在“前进伞厂雨伞展销会”上，前进伞厂的产品以质量精巧而受到顾客热烈欢迎。

第二节 国礼

一、国礼的基本内容

国礼是国家领导人以本国的名义向外国嘉宾赠送的礼品。国礼最早起源于古代部落狩猎、饮食与祭祀。国礼在古代是战败部落、战败国家、战败民族送给胜利者的贡品。如今，国礼已经成为国际社会交往的常态，它是国家之间或国际社会重大事件中一国领导人送给其他国家或国际组织负责人的礼物。国礼是国家对外交往过程中不可或缺的部分。

二、中国国礼之变迁

中华人民共和国成立初期正值斯大林 70 岁寿辰，毛泽东主席进行了中华人民共和国领导人的首次出国访问。毛主席极其重视这次莫斯科之行，对所带寿礼做了特别研究，寿礼中既有中国特色的工艺品，也有大量农副产品。主席带给苏联的见面礼真正体现出中国人走亲戚的常态，体现了两国关系的亲密无间。

1989 年，时任总理李鹏赠送老布什总统夫妇各一辆自行车作为礼物。老布什总统欣然在众人面前骑起了自行车。老布什在北京就任驻华联络处主任时，曾经和太太在闲暇之时，骑自行车游览北京，体验北京的历史古迹。

1992 年，时任国家主席江泽民访问日本时，亲自登门拜访时任日本首相田中角荣，并亲手赠送其国画以做纪念。

2006 年，时任国家主席胡锦涛在造访联合国人居署和环境署时，赠送了一面中国铜质大鼓作为礼物。2014 年，习近平主席访问拉美国家时，将《北京青年》《老有所依》《失恋 33 天》等当代中国题材的影视剧作为礼物送给东道国相关机构。

中国国礼问答

我国哪个部门负责管理国礼?

外交部礼宾司是国礼大管家，负责国礼的选送、接收以及管理等工作。原先两国交换国礼是领导人当面交换，之后也交由礼宾司负责交接。在送礼方面，礼宾司前期会做好充分调研，初步拟定清单，上报外交部领导审批。

我国送出的国礼一定很贵吗?

按照规定，国家领导人赠送的礼物低于5000元人民币，副总理、国务委员及其他相同级别的官员赠送的礼物低于3000元。元首级领导人的礼品，为1000—2000元；第一夫人的礼物以生活用品居多；部长、司长级官员的礼品多是民族工艺品；一般工作人员的礼物主要是实用物品。

我国国礼只送各国领导人吗?

不是。国礼不仅限于送给对方的现任领导人，送礼对象还包括第一夫人和对方工作人员等。

我国国礼选择上有何标准?

国礼的选择一般能代表中国的历史文化和风土人情，或者能纪念两国领导人的友好访问。在中国，阿胶、瓷器、丝绸、茶叶被称为“四大国礼”，同时刺绣、描漆领袖像也时常被当作国礼。

我国收到他国国礼会怎么处理?

根据相关规定，不足200元的留归受礼人，200元以上的须交由专门机构保管。

三、国礼趣事

各国的国礼大多选择反映本国特色的物品，同时还会兼顾多种其他因素。非洲国家的国礼偏爱包含象牙图案的物品；澳大利亚常选择具有袋鼠题材的国礼；中国则常选择体现中国文化的陶瓷、刺绣和茶叶等。

英国首相布朗访美时，奥巴马总统赠送给布朗25部好莱坞大片影碟。2012年，卡梅伦赠送给奥巴马一张事后证明是中国产的乒乓球桌，而奥巴马回赠卡梅伦一个烧烤架。这些国礼故事一时间成为国际交往中的美谈。

第三节　见面礼与国礼的相似性

从上述两部分内容可以看出，见面礼和国礼之间具有诸多相似性，总结起来，主要体现在呈送时间、主要形态、呈送方式、处理方式、礼物意义等方面。

表2—1　见面礼和国礼的相似性

	见面礼	国礼
呈送时间	初次见面	初次见面
主要形态	贵重物品	艺术精品

续表

	见面礼	国礼
呈送方式	亲人赠送	领导人赠送
处理方式	日常使用	留存纪念
礼物意义	情感重视	历史记忆

资料来源：笔者自制。

接下来，我们将从五个方面分别解释见面礼和国礼的相似性。具体内容如下：

一、呈送时间相似

在婚恋关系中，双方都颇为重视初次正式见面的时候呈送的礼物，这是考量对方对这段关系重视程度的重要尺度。在国际事务中，两国领导人初次见面，也较为重视赠送的礼物，这是拉近领导人之间关系的重要媒介。两者都是在初次见面时赠送。

二、主要形态相似

在婚恋关系中，见面礼的具体形态会随着时代变迁而有所差异，但其基本形态仍然以实物为主，且对双方而言均属于贵重物品。

国礼的形态大多为实物，且主要选用体现各国特色的艺术精品，具有上等的艺术性。

婚恋中的见面礼一般选择贵重物品，国际关系中的国礼一般选择艺术精品。

三、呈送方式相似

中国人视作最平常不过食材的大蒜，在以色列却被当作“尊贵”

的上品。犹太人视大蒜为图腾，有着久远的进食大蒜的历史，甚至有把大蒜配方当见面礼给未来儿媳的习俗。

2014 年，习近平主席访问阿根廷时，获赠阿根廷国家足球队 10 号球衣，10 号球衣为该国球星梅西在巴西世界杯所披战袍。

见面礼一般是亲人之间赠送，国礼一般是领导人之间赠送。二者之间的关系都很密切。

四、处理方式相似

一般而言，在婚恋关系中，见面礼大多在日常中使用，伴随着主人的生活，有些国度或家庭甚至有将见面礼传给下一代的传统。

在国际关系中，各国大多对国礼出台了相关规定，有专门的机构和人员负责处理国礼，一般将国礼放置在专门的地方，用于永久留存纪念。

因此，无论是见面礼还是国礼，赠送之后都是长时间留存，以作纪念。

五、礼物意义相似

情侣间所选择的见面礼，大多用于表达爱意，尤其是在当下，情侣更是会选择别样的见面礼。

土库曼斯坦素来以汗血宝马闻名于世，汗血宝马被奉为国宝，成为土国赠送给外国领导人的最珍贵国礼。2007 年，中国获赠土库曼斯坦汗血宝马，一时间成为中土两国外交关系中的佳话。

见面礼是情人之间感情的见证，国礼是国家间交往的凭证，意义重大。

第四节　外交学案例——作为国礼的大熊猫

一、熊猫外交的历程

根据历史文献记载，最早的熊猫外交始于日本。但在较长的时间内，熊猫更多的是作为中国特有的物种，为外国游客所青睐。

1941 年，为感谢美国民众对中国军民抗战的大力支持，宋美龄向美国赠送了一对大熊猫，此事件开启了大熊猫作为国礼的先河。1946 年，国民党政府向英国赠送了一只大熊猫。

1957 年，大熊猫平平作为国礼送给苏联。1959 年，大熊猫安安作为平平的配偶送给苏联。熊猫俨然成为中苏关系的重要见证者。

1972 年，美国总统尼克松访华，中国人民特向美国民众送去大熊猫兴兴和玲玲，以纪念中美关系发展的重要时刻。

美国“熊猫年”

1972 年的中美“熊猫外交”，是中美关系史乃至国际关系史中具有特殊意义的事件。作为对尼克松访华的积极反馈，中国向世界宣布，将作为友谊大使的大熊猫玲玲和兴兴赠送给美国，以纪念中美关系的美好时刻。

当友好使者玲玲和兴兴抵达华盛顿动物园时，尼克松夫人及美国民众冒雨迎接，并出席华盛顿动物园熊猫馆的揭幕式。熊猫馆面向公众展示的首日便吸引了众多美国民众排队前往参观。

图为1972年4月，美国第一夫人帕特丽夏·尼克松观赏大熊猫。图片来源：http：//www.chinapanda.org.cn/。

随着中国大熊猫的到来，美国国内迅速掀起了一股中国“熊猫热”，大熊猫的一举一动成为美国媒体报道的焦点，1972年也因此一度被誉为“熊猫年”。

1992年，玲玲在美去世，美国民众沉浸在悲恸之中，民众自发组织了多种形式的哀悼活动，世界自然保护基金会在其总部为玲玲下半旗致哀。1999年，兴兴在美去世，美国民众再次陷入失去友好使者的悲恸之中，美国媒体也争相报道此事。

随着中欧关系的发展，1973年，中国向法国赠送一对大熊猫。1974年，中国向英国赠送一对大熊猫。1975年，中国向墨西哥赠送一对大熊猫。1978年，中国向西班牙赠送一对大熊猫。1980年，中国向西德赠送一对大熊猫。

中国大熊猫的到来引发当地媒体的积极报道，当地民众往往自发前往迎接，大熊猫在当地受到贵宾般的待遇。

二、熊猫外交的意义

自武则天开始，中国就已利用熊猫这一中国独有而憨态可掬的动物在世界范围内进行了影响深远的熊猫外交。

概而言之，中国的熊猫外交有以下几个显著作用：首先，熊猫是和平使者，向熊猫驻在国家传递了中国人民的友好情谊；其次，熊猫是文化信使，将中华民族的特有文化带到熊猫驻在国；再次，熊猫是中国形象的载体，将中国的形象生动地展现给世人。

熊猫外交的上述三个作用在以下三则故事中体现得淋漓尽致：

（一）作为和平使者的熊猫

China，Malaysia and the weird world of panda diplomacy①

Early on Wednesday morning，Malaysian officials were on hand to welcome two important new arrivals to Kuala Lumpur International Airport. The pair，Ms. Feng Yi and Mr. Fu Wa，are on a diplomatic mission from China，hoping to cement the relationship between the two states and help them get past the considerable trauma caused to that relationship by the missing Malaysia Airlines flight 370.

It's a lot to expect from two black-and-white，bamboo-che-

① 资料来源：The Washington Post，May 21，2014。

wing bears, both members of a species noted for lethargy and a legendary unwillingness to mate.

But these are the hopes being pinned to Feng and Fu, two giant pandas on loan to Zoo Negara for the next 10 years. And in the weird world of "panda diplomacy," it's become expected that bears in zoos can do a lot.

Some nations have been skeptical at Beijing's use of pandas as soft, furry power. But generally it's seen as a success, and few people raise eyebrows about it anymore. China is quite open in its intentions with the bears: As Chinese ambassador to the United States Cui Tiankai explained in an op-ed for The Post late last year, "there are actually two Chinese ambassadors in Washington: me and the panda cub at the National Zoo."

（二）作为文化信使的熊猫

Pandas in Canada

The Chinese Association of Zoological Gardens (CAZG) Saturday signed the deal with two Canadian zoos in Chongqing, a municipality in southwest China.

The panda pair, both around five years old, will stay in the Toronto and Calgary zoos for five years each after they arrive in Canada early next year, according to the agreement.

Prime Minister Stephen Harper, his wife Laureen and Chinese ambassador Zhang Junsai are among those on hand to welcome the furry black and white beasts to the country.

Er Shun –Female Born: August 10, 2007 Name Meaning: Double Smoothness Er Shun from Chongqing, China.	Da Mao –Male Born: September 1, 2008 Name Meaning: First of Mao Da Mao from Chengdu, China.

3 Canadian Zoos had the honour to have giant pandas as their residents:

<u>Toronto Zoo, Toronto, Canada</u>

Qinn Qinn (1985)

Sha Yan (1985)

Er Shun (2013 – present)

Da Mao (2013 – present)

<u>Calgary Zoo, Calgary, Canada</u>

Xi Xi (1988)

Xin Xing (1988)

<u>Assiniboine Park Zoo, Winnipeg, Canada</u>

Cheng Cheng (1989)

Bing Bing (1989)

From Toronto Zoo

（三）作为中国形象的熊猫

随着熊猫形象在世界各地的广泛传播，美国梦工厂制作了以熊猫为题材的动画片《功夫熊猫》（Kung Fu Panda）。该片于 2008 年在美国上映，是一部以中国功夫为主题的喜剧电影。影片以中国元素为背景，讲述了一只笨拙的熊猫蜕变为武林高手的励志故事。该片演职人员阵容强大，配音演员有杰克·布莱克、达斯汀·霍夫曼、安吉丽娜·朱莉、刘玉玲、塞思·罗根、成龙、大卫·克罗素和伊恩·麦西恩。

该片上映之后，勇夺当周票房排行冠军。随后，该片入围第 81 届奥斯卡金像奖提名，获得最佳动画长片奖。同时，入围第 66 届美国金球奖提名，并获得电影类最佳动画片奖。

因为该片上市后受到各方好评，美国梦工厂又相继制作了《功夫熊猫 2》和《功夫熊猫 3》，并翻译为多种语言，在世界各地广为传播，深受各国观众的喜爱，成为外国观众了解中国文化的一个途径。

拓展阅读

国际友谊博物馆

国际友谊博物馆是我国唯一一家以收藏外交礼品为主题的专门性博物馆，馆藏丰富，收藏了世界多个国家和地区的礼品共万余件。

中华人民共和国成立后，随着对外交往的增多，集中展示对外交往中所汇集的国礼显得越发重要。有鉴于此，1991年，经过相关部门的批准和筹备，在北京正式成立了国际友谊博物馆。

该馆的建立开了我国博物馆事业，尤其是涉外领域博物馆事业的先河，为中国外交增添了浓重的一笔。

国际友谊博物馆的收藏品一般与重要事件或重要人物密切相关，迥异于一般博物馆的藏品，具有重大的政治意义和历史价值，是中华人民共和国外交事业的真实见证。

广东外事博物馆

2012年，广东外事博物馆在广州开馆。该馆主要收藏改革开放以来广东省各级单位所接收的外事礼品，系全国首个地方外事博物馆。

博物馆藏品根据地域来源，分设五大洲展厅，展出来自世界多个国家的近300件展品。

该馆原址为民国时期法国驻广州领事馆，为全国重点文物保护单位。该馆作为公益性博物馆，免费向公众开放，成为展示广东省改革开放成果的重要窗口。

第三章

棒打鸳鸯——英国作梗　印巴分治

1947 年，英属印度被分为印度联邦和巴基斯坦两个自治领。第二次世界大战结束后，印度民族解放运动高涨，英国难以对其进行直接统治，只得采取分而治之政策。1947 年 3 月，新任总督蒙巴顿与印度各政党及教派领导人商谈，制订了“蒙巴顿方案”。6 月 3 日，该方案公布。方案规定：英属印度根据居民宗教信仰的不同，分为印度和巴基斯坦两个自治领，分别建立自治政府；巴基斯坦由东西两部分组成；各王公土邦在移交政权后享有独立地位，可加入任何一个自治领。7 月，英国议会通过“印度独立法案”。同年 8 月 14 日和 15 日，巴基斯坦和印度分别成立自治领，从而结束了英国在印度 190 年之久的统治。1950 年 1 月和 1956 年 3 月，印巴分别宣布成立共和国。印巴分治为两国之后的领土纠纷等问题埋下了祸根，印度和巴基斯坦这对“鸳鸯”在英国的大棒下逐步走向分崩离析，直至兵戎相见。

第一节　什么叫“棒打鸳鸯”

鸳鸯（Mandarin Duck）是一种美丽的水鸟，多以雌雄形式一同出没，常用来比喻恩爱的恋人或一对幸福小夫妻。古语有云“只羡鸳鸯不羡仙”，由此可看出鸳鸯在大众心目中的美好形象，令人神往。

在浪漫的爱情长河中，鸳鸯也会撞上礁石——大棒！“棒打鸳鸯”（to interfere in a love affair）比喻强行拆散恩爱的夫妻或情侣。再恩爱的眷侣，在封建大家长的大棒下，也只能挥泪离别，以悲剧收场。

第二节　谁给了大棒“法力”叫停爱情

一、棒打鸳鸯的根源——封建家长制

家长制（patriarchy）是从国家专制政治中衍生出来的家庭制度。自从进入父系血缘社会之后，婚姻已不仅是个人的事情，而是整个家庭乃至是家族的事情，它关系到家庭或家族的利益。所以，个人的事情便堂而皇之地由父母代表，以及由联系着男女两家共同利益的媒人去做出决定。“父母之命，媒妁之言”成为礼制规定的铁律之后，社会便要求“男女非有行媒，不相知名”，造成“处女无媒，老且不嫁”的怪异现象。崔莺莺在与张生相恋后，也得有红娘才能谐同床共枕之好。梁山伯与祝英台即使私订终身，也挡不住马文才的所谓“明媒正娶”，造成千古悲剧。

那时候，一切制度都是由一个人决定的，所以在家庭中，家长是最高的主宰，有至高无上的专制权。家庭中的父子关系、夫妻关系与一国之中的君主与臣民的关系相似。家长之职由男性长者担任，他的主要职责是管理家产，约束家庭成员，并对其言论、行动实行

专制。家长掌握家庭财产，并决定怎样开支。而家长把家庭成员视为自己的私产，贫困时可将其卖掉，在封建时代的各国，卖妻鬻子是常见之事。

家长对家庭成员的思想专制、言论约束与国君对臣民的思想专制、言论约束是一脉相承的。在一国的政治生活中，臣子只能执行君主的意志；在家庭中，家庭成员必须以家长的意志为转移。家长言是则是，家长曰非则非，不允许与家长争辩是非曲直，不允许有独立的思想意志。一切封建教育都提倡奴性服从。

包办婚姻始终受到封建法律的保护，明清更加强调子女不得有婚姻自主之权，“嫁娶皆由祖父母、父母主婚。祖父母、父母皆无者，从余亲主婚，其夫之携女适人者，其女从母主婚”。自唐代以法律形式肯定包办婚姻以来，封建伦理观念便日益钳制着人们的思想和行为，子女若不服从父母的意愿，就是不孝。对于不孝的子女，父母可以随时向官府控告，而官府“即照所控办理，不必审讯”，干脆把管制权交给了家长。明律和清律都规定，妻子背夫逃走要“杖一百”，改嫁的要处以绞刑。

“棒打鸳鸯”——古有《孔雀东南飞》，今有胡适从母命

少女刘兰芝自幼便习女红，善弹琴，能诵诗书。她十七岁嫁给焦仲卿为妻，日夜辛劳，勤于家务，却不为婆婆所容，于是就去信给正在庐江郡府做小吏的丈夫，诉说不堪忍受之苦。仲卿回来为妻子求情，却遭母亲斥责，并令其休妻另娶。仲卿长跪，言“今若遣此妇，终老不复娶”。母亲大怒。因仍要赶回郡府任上，仲卿只得先请妻子回娘家，暂避一时。兰芝自然明白，如此一别，类乎休弃，今后恐难再见，便将自

己常用的香囊、妆奁等物留给仲卿以作纪念。

刘兰芝被遣回家十余日，县令即派媒人来为其子求婚，被兰芝婉言回绝。这下惹恼了兰芝那位性情暴躁的大哥。兄命难违，兰芝只得一切任人安排。那边媒人回报，说刘家已允婚事。仲卿在任上闻知此变，急忙乞假告归。

第二天，兰芝整日默默无语，只是和泪裁衣。忽听得一阵熟悉的马嘶声，出门遥相望，知是故人来。兰芝手抚马鞍，一一诉说原委。仲卿提及当日誓言，二人只好相约“黄泉下相见”。

这一天，迎亲的车马格外热闹，新妇已进门。黄昏后人群渐渐散去，夜深沉，万籁无声，兰芝揽裙投水自尽。仲卿得知，徘徊树下，亦自缢殉情。后两人合葬于华山旁。

民国时期的胡适因提倡文学改良而成为新文化运动的领袖之一，是第一位提倡白话文、新诗的学者，致力于推翻统治了2000多年的文言文。按理说，他应该反对父母包办婚姻，主张自由恋爱，可是他却由母亲一手包办与既无文化、又是小脚的江冬秀结了婚。胡博士为什么能忍受这样的婚姻呢？这个问题可从1918年他写给胡近仁的信中找到答案。他说：“吾之就此婚事，全为吾母起见，故从不挑剔为难（若不为此，吾决不就此婚。此意但可为足下道，不足为外人言也）。今既婚矣，吾力求迁就，以博吾母欢心。吾之所以极力表示闺房之爱者，亦正欲令吾母欢喜耳……此事已成往迹，足下问此书后，……，亦望勿为人道，切盼！切盼！”

胡适是反旧礼教的先锋式人物，但在自己的婚姻问题上却屈从母命，甘当孝子，充分体现出其对封建家长制的妥协与无奈。

二、“棒打鸳鸯”——政坛的案例

包办婚姻有着强大的群众基础和源远流长的历史，它的强大力量导致了一宗宗棒打鸳鸯的悲情故事。东方有梁山伯与祝英台，西方有罗密欧与朱丽叶。古今中外一对对的苦命鸳鸯，在第三方势力的大棒下，被迫你走你的阳关道，我过我的独木桥，执手相看泪眼竟无语凝噎。究其实质，“棒打鸳鸯”就是第三方势力通过强权打击直至拆散本可联合与协作的两股力量。这样的现象除了发生在婚恋中，也经常见诸于国际关系领域。印度和巴基斯坦在英国的干涉下分而治之，就是“棒打鸳鸯”在国际关系领域的典型案例。

第三节　英国作梗　印巴分治

一、印巴分治的背景

印度和巴基斯坦在历史上是一个国家，同称印度。两国人民在一起生息劳动，友爱相处，创造了东方古代文明的奇迹。

18 世纪中期后，印巴同受英国的直接殖民统治。第二次世界大战前夕，英国在积极备战的同时，所面临的一个主要问题就是解决印度的政治危机。英国殖民当局害怕日益高涨的反英情绪和国大党的反对立场，未敢宣布实行“联邦计划”。在新的形势下，英国殖民者主要是利用印度的封建反动势力来镇压民族解放运动。

1937年选举以后

· 印度许多封建地主的组织明显地活跃起来

1938年12月

· 根据奥德地主的倡议，召开了全印地主代表会议

1939年4月

· 成立的全印地主联盟表示赞成实行“联邦计划”。印度各土邦的王公们仍然积极追随英国殖民当局，维持英国人的利益

1938年

· 为了镇压民族解放运动，在各个土邦改组了王公院，成立了它的常设机构

图 3—1　英国“棒打鸳鸯”

资料来源：笔者自制。

二、英国“棒打鸳鸯”的步骤

英国殖民者在利用封建地主力量的同时，也利用穆斯林对国大党的不满情绪，积极拉拢穆斯林联盟，诱导它们把主要的打击目标指向国大党，以坐收渔翁之利。穆斯林联盟的领袖认为，国大党政府的活动是为了反对穆斯林。穆斯林联盟的领袖声明，如果要保障穆斯林的权利，那么印度将不可避免地分裂成两个国家。尼赫鲁则把英国人的活动说成是“英国官员想利用穆斯林联盟和其他一切破坏力量来削弱国大党的影响”。

印度教宗教团体组织展开了反宣传，声称穆斯林没有权利要求任何保证或特权；它们也反对国大党，1938 年 12 月，在那格浦尔举行的“印度教大斋会”第 20 次会议上，萨瓦卡尔声明国大党不代表民族，并号召抵制它。

由于宗教团体宣传的加强，北印地区印度教徒和穆斯林的冲突日益加深。在警察的怂恿下，这种冲突变得非常频繁。此时的冲突不仅具有宗教冲突的色彩，而且具有了公开的政治性质。

1939年9月，第二次世界大战在欧洲爆发

英国印度总督没有听取任何舆论的意见，甚至没有正式咨询中央立法会议的意见，就断然宣布对德处于战争状态。“这件事立刻暴露了国大党和英国政府哗然分开的鸿沟的宽度”在增大。国大党宣布：“印度的宣战与媾和必须由印度人民决定”，它拒绝“在这次战争中提供任何合作，这次战争是按照帝国主义的路线进行，而且是为了在印度和其他地方巩固帝国主义制度”。它要求英国政府“以毫不含糊的词句宣布，在关于民主、帝国主义和他们所重视的新秩序的问题上，他们的战争的目标何在”；还要求“必须宣布印度为一个独立国家，这种地位必须在最大的可能范围内立即付诸实施”

↓

印度宣战后不久，英国议会就通过了1938年《印度政府组织法》的补充法案

根据这个法案，印度总督和各省省督为了保持印度的和平与安宁，必要时有权解散省政府各厅，另由总督和省督委派人员直接治理各省。新颁布的《印度国防法》授权警察局可以直接驱散群众集会和示威游行，查封报刊，对于它认为“对国防有危险”的人，可以不经公诉就进行逮捕。在二战初期，殖民当局所镇压和迫害的对象主要是共产党人、工人和农民组织的活动家

↓

1939年9月11日，印度总督宣读了英王的宣言，宣布英国政府放弃在印度实行“联邦计划”

英国政府二战后将召开印度各政党、宗教团体和王公代表会议来制定新宪法。英王宣言中唯一具体的让步，就是放弃实行“联邦计划”，这在当时已经没有任何实际意义，因为这个计划早在战前就破产了

↓

1947年1月，国大党的领导人成立了一个专门委员会，负责和各王公进行谈判

国大党放弃了以前提出的要求各土邦出席立宪会议的代表必须由民选的条件。委员会为寻求妥协，同意（1947年4月2日）各土邦立宪会议的代表50%由立法机关选出，50%由王公指派。此外，国大党的领导人还同意接受英国政府于1946年11月2日提出的关于立宪会议各部投票程序的建议，以此作为对穆斯林联盟参加立宪会议的让步

图 3—2　英国棒打“鸳鸯”

资料来源：笔者自制。

英国殖民当局一方面实行使印度教徒和穆斯林之间的纠纷极端尖锐化的政策；另一方面又把造成这种纠纷的责任极其巧妙地从自己的身上转移到印度教徒的身上。这种政策使得印度未来的地位已经越来越取决于所谓宗教团体问题的解决。

印度国大党的有识之士已经开始意识到两大宗教对立与冲突的危险性，甘地、尼赫鲁和鲍斯等人一再和真纳通信，进行沟通。真纳要求将承认穆斯林联盟代表印度全体穆斯林，而国大党只代表印度教徒作为谈判的先决条件；国大党的领袖们则表示可以在“团体决议”和国家机构职务的分配等问题上对穆斯林联盟做出重大让步，但决不能同意国大党只是印度教徒的政党。两个政治组织的分歧已经到了不可调和的地步。

三、英国“棒打鸳鸯”背后的险恶用心

针对第二次世界大战初期印度出现的政治危机，英国对印政策追求的目标主要有三点：一是加紧镇压反英运动的参加者；二是继续用煽动印度教徒和穆斯林之间宗教纠纷的方法来削弱群众运动；三是答应在战后给予印度有产阶级以让步，并保证他们从有利的战时经济中获得利益，用这种方法把有产阶级拉到自己一边。

英国人以为制宪就会引诱印度人民群众放弃反对英国殖民统治的斗争，因而他们散布通过立宪方法就能达到印度独立的言论。他们坚信穆斯林联盟将在建立巴基斯坦的口号下参加竞选，由此导致穆斯林和印度教徒之间的冲突更加剧烈，这样他们就有可能要阴谋诡计，继续维持其在印度的殖民统治。但历史是无情的，它并不偏爱惯于玩弄权术的英国殖民者，其结果是不仅没有保住英国在印度的统治，而且最终造成了印度次大陆的分裂和长期的对抗。

四、英国“棒打鸳鸯”的激化——旁遮普的仇杀

英国殖民当局为了防止国大党和穆斯林联盟达成任何妥协的可能性，在 1947 年 3 月通过自己的情报机关挑起了印度教徒和穆斯林之间的流血冲突。这次仇杀是因赞同建立巴基斯坦的旁遮普穆斯林联盟支部与反对建立巴基斯坦的统一派分子之间矛盾的尖锐化而引发的。

1947 年 3 月，穆斯林联盟在拉合尔组织了示威游行，反对以统一派分子的政党领袖为首的政府的政策。在旁遮普的其他城市——拉瓦尔品第、木尔坦、阿托克和杰卢姆，也举行了同样性质的示威游行，警察和流氓开始捣毁锡克教和印度教徒的店铺与住宅。在农村地区发生的仇杀特别残酷：仅在拉瓦尔品地区的一个乡就杀死了 800 人，在这个区被杀死的人数共达 4000 人。据印度报刊报道，进攻杜德哈尔村的暴徒持有机枪和制式步枪，这证明警察和军队从军械库里拿出武器供暴徒使用。

1947 年 2 月 20 日艾德礼关于在 1948 年 6 月前将权力转移给负责的印度人的声明以及旁遮普的仇杀，都向国大党的领袖们表明和传递了一个重要信息：英国政府要用一切手段，包括分裂印度来维护自己的利益。国大党的领袖为了不让流血继续，不得不同意成立巴基斯坦。他们提出的条件是，巴基斯坦应当只包括旁遮普和孟加拉伊斯兰教徒居民占多数的那些地区。1947 年 4 月，加尔各答市政府（主要是国大党和“印度教大斋会”的代表）以多数票赞成把孟加拉按宗教特点划分为两个省，即东孟加拉和西孟加拉。

五、蒙巴顿方案

1947 年 3 月，蒙巴顿勋爵接任印度总督后，发现次大陆的政治危机已经严重到英国殖民统治难以为继的程度。政党对立，宗教骚乱不断，内战的引线已经点燃，印度政府毫无威信可言。蒙巴顿在同各政党领导人进行谈判和斡旋后，深感局势比原来估计的还要危急，于是决定提前移交政权。他于当年 5 月底赶回伦敦同英国政府进行磋商，6 月 2 日回到印度，第二天就发表了一个重要宣言，即所谓的 6 月 3 日蒙巴顿方案。

蒙巴顿方案的核心是按宗教而不是按语言、文化或民族的区别来划分自治领，这进一步加深了印度教徒和穆斯林之间的宗教矛盾。根据蒙巴顿方案，旁遮普省和孟加拉省一分为二，东旁遮普和西孟加拉划归印度，西旁遮普和东孟加拉划归巴基斯坦。消息一经传开，印度教徒就在东旁遮普驱赶和杀害穆斯林，穆斯林则在西旁遮普杀害印度教徒。这一冲突迅速蔓延，席卷了许多省份。这场大规模的教派间相互屠杀造成了无数人的伤亡，大批散居的穆斯林和印度教徒分别向巴基斯坦和印度境内大迁移。

在完成分治的法律手续后，1947 年 8 月 14 日，巴基斯坦自治领成立，总督为真纳；8 月 15 日，印度自治领成立，总督仍为蒙巴顿。长达 190 年的英国殖民统治从此结束。

六、分裂的恶果

蒙巴顿方案的实施标志着英国不得不退出次大陆，承认印度民族斗争的最后胜利。然而，分治给印度、巴基斯坦两国人民所带来的灾难是十分巨大和惨痛的。

（一）一场人间浩劫

孟加拉分裂以后，穆斯林联盟和“印度教大斋会”的极端分子开展了“印度教徒迁出巴基斯坦”的蛊惑性宣传。有些地方开始了仇杀，致使印度教徒手工业者和农民遭殃，大批印度教徒难民由东孟加拉逃到加尔各答，使本已人数够多的失业大军进一步扩增。由于英国奸细和当地极端主义的挑拨宣传，在分裂旁遮普时发生了印度历史上空前未有的流血冲突和仇杀。根据估计，有50万人在宗教仇杀中丧生，1200万人无家可归，互相逃亡到对方国家的难民有1000多万人。英国工党分子赞美的所谓“不流血革命”的印巴分治所造成的人口死亡和财产损失远远超过内战可能造成的损失。

一位名叫M. S. 法尔阿纳皮莱的教授亲眼目睹了拉合尔发生的血腥仇杀：“8月、9月、10月和11月是旁遮普历史上灾难的月份，也许是全体印度人民历史上灾难的月份。任何一个（甚至一群）历史学家都不可能完全估计到分裂给几百万无辜的人民——印度教徒、锡克教徒和伊斯兰教徒所带来的空前灾难。旁遮普、西北边省和信德经历了人类文明世界史上空前未有的恐怖。人们有时候被迫真正名副其实地吃自己亲人的肉，喝自己亲人的血。1947年8月开始了恐怖世界，拉合尔变成一座死城。从1947年8月12日起，这座居住着和平的居民，拥有20所高等学校和几十所中小学，拥有许多宫殿和公园，拥有工业企业和手工业者街区的印度最繁荣的城市，变成了名副其实的墓地和恐怖与死亡的世界。人们的活动和与外界的联系像魔术一般突然停止了。有时候，火车站变成了战场，那里的伊斯兰教徒职员杀死了他们的印度教徒和锡克教徒伙伴，那里的锡克教徒和印度教徒居民与想杀死他们的伊斯兰教徒流氓展开了搏斗，那里的俾路支团的士兵和多哥尔团的士兵互相射击。”这位作者还写道：“居住在拉合尔的 30 万印度教徒和锡克教徒大多数逃走了，在市区内剩下的不过 5000 人。我从来未见过这样可怕的景象，这些景象永远留在我记忆中。英国官吏参与这场屠杀，已成尽人皆知的事。巴基斯坦政府听任这种可怕的日子继续下去。”旁遮普的冲突和仇杀引起了新德里的城市和乡村以及拉吉普坦纳各土邦的报复行动，愤怒的难民开始对印度西北部各地区无辜的伊斯兰教徒手工业者和农民进行报复。

“印度教大斋会”的领导人发表反穆斯林言论来鼓励仇杀。在巴基斯坦，特别是巴西部地区，穆斯林民族近卫军也屠杀了在 8 月和 9 月初未及时逃走的印度教徒和锡克教徒。结果，难民络绎不绝，既有由印度逃往巴基斯坦的穆斯林，也有由巴基斯坦逃往印度的印度教徒。他们都集中到各大城市附近的野营地，住在用木箱和铁板钉成的可怜的帐篷里，或者干脆露宿在城市的街道上。旁遮普的大破坏和难民的流动使印度和巴基斯坦本来就很困难的粮食供应状况更加恶化。

（二）统一经济体的瓦解

印度和巴基斯坦之间各地区的划分是按宗教原则进行的，甚至连各地区的地理邻接性的一般原则都不遵守。巴基斯坦由东西两个地区组成，中间被印度联邦的领土拦腰切断，这个独特的印度走廊的宽度超过了 1500 公里，可见在划分时丝毫没有注意、考虑地理、经济、民族和文化的联系。虽说是按宗教原则划分，而且双方都有大量难民按照宗教信仰流向对方，但是建立清一色的宗教成分国家的目的还是没有实现。印度仍留下了 3800 多万伊斯兰教徒，而在巴基斯坦留下的印度教徒不下1000万—1200万人。

印巴分治割断了印度原有的地区之间的经济联系与合作关系，造成经济资源分布和生产力布局的极端不平衡，严重地削弱了印度和巴基斯坦的经济实力。

巴基斯坦是一个落后的农业国，工业比重大大低于印度工业的平均水平。已勘探的矿藏在巴基斯坦仅占1/10，划归巴基斯坦的加工工业也不过占10%，除了几个水泥厂和铁路工厂外，巴几乎没有重工业。

但是，巴基斯坦在农业原料和粮食方面处于优势地位。1948—1949年度，巴基斯坦生产了1162.1万吨大米，而印度虽然人口比巴多4倍，但生产的大米只多一倍半，人均占有显然比巴低得多。印巴分治后，90%已勘探的矿藏、90%的采矿工业和加工工业，以及几乎全部种茶场都留在了印度；全部黄麻工业企业和几乎全部棉纺织工业企业也都留在了印度，而出产黄麻和长纤维棉花的地区都划归了巴基斯坦。这种人为的分治，破坏了早已建立起来的统一经济区域内带有互补性、分工协作性的各种经济联系，对两国的经济来说都是一次重创，产业结构的重新调整和磨合需要相当长的时间，花费相当多的财力，才能逐步解决。

（三）播下了长期冲突的种子

印巴分治是英国殖民者与印度人民、国大党与穆斯林联盟、印度教徒与穆斯林等多种矛盾激化的结果。可以这么说，印巴分治的过程就是多种矛盾逐渐激化升级的过程。整个过程一直伴随着流血冲突，印度教徒和穆斯林的对立已经到了无法调和的地步。分而治之只是英国殖民当局一贯执行的使一些居民集团对立起来的传统政策的延续和发展，当在一个统一的国家内无法继续推行这个政策时，成立两个国家并实行“力量平衡政策”就成了英国人的新选择。英国在印度分裂后，立刻开始挑拨印度和巴基斯坦之间的矛盾。两国在许多问题，包括财产（铁路、国营企业、英镑存款和债务等）的分割等方面都发生了摩擦。在印度和巴基斯坦发生冲突时，英国又有了担任“公正的”仲裁者的借口。

印巴分治并没有，也不可能解决次大陆的民族、宗教对立和冲突，只是这种对立和冲突演化为以下几种形式：一种是两国国内的民族、宗教冲突；另一种是两国之间带有民族、宗教色彩的对抗和战争；还有一种就是在有争议地区的领土相争，克什米尔的民族、宗教冲突就属于第二种和第三种。

印巴两国长期不和，克什米尔地区冲突不断，这都是印度分裂种下的恶果，教训深刻，代价沉重。

第四章

婚前协议——条约

第一节　婚前协议

一、婚前协议基本内容

婚前协议是指即将成婚的双方为婚后相关事项而签订的具有约束力的书面文件，其作用主要是为了处理未来婚姻生活中的分歧和争议，特别是对双方的财产和债务等问题做出事前约定。

婚前协议来源于西方国家，植根于其历史悠久的产权理念，是西方国家产权理论在婚姻领域的拓展。

婚前协议主要基于婚姻双方自愿的原则，是本着协商的精神产生的。在当下社会，越来越多的中国年轻夫妻选择在结婚前签订婚前协议，以明确各自在婚姻中的权利和资产所属关系。

（一）哪些人适合签婚前协议

第一类人群

双方财产状况悬殊较大的人，通过签婚前协议来保护个人权益。

第二类人群

靠父母资助的年轻人，通过签婚前协议让长辈安心。

第三类人群

富有家庭，这些人群婚姻往往牵涉较多的现实经济利益。

（二）婚前协议示例

Michael Jordan's fiancée Yvette Prieto 'has signed prenuptial agreement' to protect basketball star's $650million fortune①

His ex-wife Juanita Vanoy reportedly scored what was at the time the largest celebrity divorce deal in history.

And Michael Jordan does not want to make the same mistake again. He has had his fiancée Yvette Prieto sign a prenuptial agreement.

The National Enquirer reports that the prenup will protect nearly all of the sports star's $650million fortune.

'Michael loves Yvette, but he won't let that interfere with his common sense-and his money-like it did before', a source alleg-

① 资料来源：http：//www.dailymail.co.uk/tvshowbiz/article－2296415/Michael－Jordans－fiancee－Yvette－Prieto－signed－prenuptial－agreement－protect－basketball－stars－650million－fortune.html.

edly told the publication.

The couple will each keep the assets of their own.

Should the couple end up divorcing, Yvette will allegedly receive $1million for every year that they were married.

Wedding bells: On March 7, the couple applied for a marriage licence, which is good for 60 days, in Florida.

If the marriage lasts for 10 years, she will receive $5million per year if they split up.

'She feels they have a strong relationship. She can't imagine that they'd ever split up!'

'But she believes Michael has sown his wild oats and only has eyes for her now. They're both very happy and looking forward to the wedding.'

Michael and Juanita, the ex-wife, had no prenuptial agreement. After the divorce, she walked away in 2006 with $168 million, and their shared Chicago mansion.

婚前协议的呈现形式多为合同文本，并形成纸质版的，一式两份，双方签字确认，通常情况下还会到公证机关予以公证确认。

婚前协议主要用于处理婚后的纠纷和分歧，一旦夫妻双方的感情破裂，婚姻失败或出现变故，在法院裁决离婚事项时，婚前协议将具有法律效力，用于处理双方财产纠纷。

（三）不同类型的婚前协议

1. 明星版

女方体重不可超过特定范围，否则从离婚财产中扣除一定金额。

双方随时进行毒品检测，一旦检验结果呈阳性，将处以经济处罚。

婚后特定年限内女方必须生小孩。

双方不能随意接受广告邀请，以免发生名誉纠纷。

2. 恩爱版

在家吵架，不得一走了之，出走范围限于小区范围。

生气不能砸东西，实在要砸只能砸枕头。

吵架不超过一夜，睡觉时男方必须主动拥抱女方。

出门要给对方一个吻，按照自上而下的顺序。

男方每周为女方按摩一次。

3. 奇葩版

房产登记在丈母娘名下。

男方工资全交，家务全包。

男方每个月支付女方两千元，以备特殊基金所用。

夜不归宿须支付空床费。

女方每月享受打男方 3 耳光的权利。

（四）专家建议——婚前协议最好由弱势一方提出来

专家建议，即将结婚的年轻情侣不必急于签订婚前协议。这是因为，大家一般认为，婚前协议意味着互相不信任，因为担心离婚，才签署协议，从而以此来保护个人的财产不受损失。

一方面，婚前协议有可能伤及双方的感情。另一方面，当前中国的离婚率居高不下，而大部分年轻人结婚都依赖于父母的积蓄，签署婚前协议也有保护父母权益的考虑。

婚前协议最好由财产较少一方提出，这样能让对方知道你为爱情而来，让彼此安心。

二、婚前协议范本

婚前协议书

兹有立约人________和________情投意合，订于________年____月____日在________________举行公开仪式，缔结良缘。本着相互理解的原则，订立以下约定：

一、夫妻冠姓

立约人同意婚后保有本姓，夫冠以妻之姓，妻冠以夫之姓。

二、夫妻住所

如日后变更住所，双方应本着平等原则，商议后决定。

三、夫妻财产制

双方同意婚后之夫妻财产制为：

□法定财产制，由夫妻自行管理支配。

□约定财产制。

□分别财产制，结人不结财。

□一般共同财产制，财产管理权由__________支配。

□所得共同财产制，财产管理权由__________支配。

双方同意就婚后财产前往法院登记，以产生对抗第三人之效力。

四、家务分工

夫负担：

妻负担：

①采买日常用品 ②煮饭 ③洗碗 ④倒垃圾 ⑤清洁 ⑥整理家务 ⑦房屋之修缮 ⑧换尿布 ⑨接送子女上下学

⑩其他：

□夫妻应互相协助他方之家务工作

五、家庭生活费

双方同意婚后日常生活所需费用，以及子女抚养费由：

□夫负担全部

□妻负担全部

□夫妻双方各分担二分之一

□夫妻双方依经济能力及家事劳务状况比例分担，夫负担________% 妻负担________%

□其他：

六、自由处分金（零用金）

立约人同意婚后扣除前列家庭生活费后，由：

□夫每月提供____________元供妻自由处分

□妻每月提供____________元供夫自由处分

如因任一方婚后经济状况显著变更者，得按比例增减自由处分金，并得另行协议。

七、子女姓氏

立约人同意婚后子女从 □父姓 □母姓

八、双方同意遵守下列行为：

（一）不得不当体罚、虐待、伤害或操控子女

（二）保证提供子女健全稳定之生活环境

（三）不得唆使子女从事危害健康、危险性工作或欺骗

（四）不得遗弃子女

（五）不得利用子女犯罪或其他不正当之行为

九、立约人承诺婚后绝不发生家庭暴力：

如有违反，应支付他方精神损害＿＿＿＿元人民币。

十、特约事项：

＿＿＿

＿＿＿

＿＿＿

立约人：

男方：

女方：

中华人民共和国＿＿＿＿年＿＿月＿＿日

第二节　条约

（一）条约基本内容

根据《维也纳条约法公约》规定，条约是指国际法主体之间签订的受国际法管辖的权利和义务的书面协定。狭义的条约指政治性协定，仅限于国际政治事务。广义的条约囊括诸多领域的协定，融入国际关系的诸多领域。

条约早先来源于欧洲国家，是一种用于处理主权国家间权力与义务关系的手段，现在广泛存在于国际关系不同领域。

根据签订国家的数量，条约可分为双边和多边条约。《中国和澳大利亚自由贸易协定》属于双边条约，《东京议定书》则属于多边条约。

根据条约的性质，可以分为文化、军事、经济、政治等方面内容。《联合国宪章》条约的内容主要在于界定条约签约方之间的权力与义务，属于政治条约；《中国和澳大利亚自由贸易协定》属于经济条约；《日美安全保障条约》属于军事条约；《中华人民共和国政府和美利坚合众国政府文化协定》则是文化条约。

条约主要由签约各方平等协商产生，因为条约的最终形成涉及到各签约方的利益，因此条约的签署过程充满激烈的斗争，签约各方会针对条款的内容进行针锋相对的斗争，以实现各自利益最大化。比如，中国加入世界贸易组织的谈判长达数十载，其间充满了艰辛与斗争。

中国“入世”谈判15年回眸

1986年，中国正式向关贸总协定提出恢复缔约国地位的申请，由此开启了“复关”的谈判进程。

1986年，中国开始全面参与乌拉圭回合多边贸易谈判。

1987年，关贸总协定设立中国工作组，开始对中国经贸体制进行审议，同时着手中国复关谈判。

1994年4月，中国先后签署了乌拉圭回合最后文件和世界贸易组织协定。同年11月，中国提出及时完成复关谈判。由于少数缔约国阻扰，中国恢复世界贸易组织创始成员协议未能达成。

1995年5月，中国复关谈判在日内瓦继续推进。同年7月，世贸组织决定接纳中国为观察员。同年11月，中国政府照会世界贸易组织，将相关机构更名为中国“入世”工作组，由此进入“入世”谈判时间。

1997年8月，新西兰成为第一个与中国达成入世双边协议的国家。同年，中国先后与韩国、匈牙利、捷克等国签署入世协议。

经过艰难谈判，1999年，中美就中国加入世界贸易组织达成双边协议。2000年，中国与欧盟就中国加入世贸组织达成双边协议。随后，美国和欧盟先后与中国就遗留问题达成全面共识。

2001年，中国与墨西哥就中国加入世界贸易组织达成协议。至此，中国完成了与世贸组织成员的所有准入谈判。

条约的呈现形式主要是经过各方协商后签署的合同文本。因为各国的语言文字不同，一般而言，签约方会事前约定，在各自持有本国语言文字的协议文本的同时，有可能会持有双方认可的第三方文字文本，以作为纠纷处理的法定文本。如清政府时期，中国与巴西政府签订的通商协议在各自持有中文和葡萄牙语文本的同时，还商定采用法文文本，以作为未来处理分歧的法定文本。

据韩联社报道称，中韩自由贸易协定（FTA）进入初始化阶段。目前，英文版协定已出炉，随后将会转化为中韩语版本，并将正式签署。

中韩自贸区谈判始于2012年。2014年，中国国家主席习近平与韩国总统朴槿惠共同确认中韩自贸区实质性谈判结束。这是中国迄今为止覆盖领域最广、贸易额最大的自贸区。

韩联社报道称，两国政府同意于2015年上半年正式签约中韩自由贸易协定。随后，获得两国立法机构的批准后，自由贸易协定方可实施。

条约的法律效力在于，它是条约签约各方处理纠纷和分歧的凭证，但国际法主体因为对不同时期、不同内容条约的认识和理解不同，在针对特定事件时，可能会采用对本国有利的条约。韩国和日本对于争议岛屿的解释就属于这种情况。

二、条约范本

关于修订《中国—东盟全面经济合作框架协议》的第三议定书

THIRD PROTOCOL TO AMEND THE FRAMEWORK AGREEMENT ON COMPREHENSIVE ECONOMIC CO-OPERATION BETWEEN THE PEOPLE'S REPUBLIC OF CHINA AND THE ASSOCIATION OF SOUTHEAST ASIAN NATIONS

The Government of the People's Republic of China (hereinafter referred to as "China") and the Governments of Brunei Darussalam, the Kingdom of Cambodia, the Republic of Indonesia, the Lao People's Democratic Republic, Malaysia, the Republic of the Union of Myanmar, the Republic of the Philippines, the Republic of Singapore, the Kingdom of Thailand, the Socialist Republic of Viet Nam, Member States of the Association of Southeast Asian Nations (hereinafter referred to collectively as "ASEAN" or "ASEAN Member States" or singularly as "ASEAN Member State"), (hereinafter referred to collectively as "Parties" and singularly as "Party"),

RECALLING the Framework Agreement on Comprehensive Economic Co-operation between the People's Republic of China and the Association of Southeast Asian Nations (hereinafter referred to as "the Framework Agreement") signed on 4 November 2002 and that paragraph 1 of Article 12 (Institutional Arrangements for the Negotiations) of the Framework Agreement provides that "the China-ASEAN Trade Negotiation Committee (CATNC) that has been established shall continue to carry out the program of negotiations set out in this Agreement";

NOTING that the Agreement on Trade in Goods, Agreement on Trade in Services and the Agreement on Investment of the Framework Agreement have been concluded and signed on 29 November 2004, 14 January 2007 and 15 August 2009, respectively, and that the Institutional Arrangement Article of both the Agreement on Trade in Goods and the

1

Agreement on Investment provide that "pending the establishment of a permanent body, the AEM-MOFCOM, supported and assisted by the SEOM-MOFCOM, shall oversee, supervise, coordinate and review the implementation of this Agreement";

RECALLING that the Joint Media Statement of the 10th AEM-MOFCOM Consultations provides that "the Ministers endorsed the establishment of the China-ASEAN FTA Joint Committee (CAFTA-JC) in place of the CATNC. The CAFTA-JC's main tasks will include overseeing, supervising, coordinating and reviewing the implementation of the Agreement";

SEEKING to establish a more permanent institutional arrangement for overseeing, supervising, coordinating and reviewing the implementation of the Framework Agreement as well as any other agreements concluded in accordance with the Framework Agreement;

RECOGNISING the need to establish an explicit legal linkage between the Framework Agreement and the various Agreements negotiated and signed on the basis of the said Framework Agreement; and

NOTING that Article 14 of the Framework Agreement provides for any amendments thereto to be mutually agreed upon in writing by the Parties,

HAVE AGREED AS FOLLOWS:

Article 1
Amendment of Article 12 of the Framework Agreement

Article 12 of the Framework Agreement shall be deleted and substituted entirely by a new Article 12 as set out below:

2

"ARTICLE 12
Institutional Provisions

1. The Parties hereby establish the China-ASEAN Free Trade Area Joint Committee (CAFTA-JC) as the permanent body to assist the ASEAN Economic Ministers and the Minister of Commerce of China (hereinafter referred to as "AEM-MOFCOM") in ensuring the effective operation and implementation of this Agreement and any other Agreements/legal instruments concluded or to be concluded under this Agreement.

2. The functions of the CAFTA-JC shall be to:

(a) review, monitor, oversee, supervise and coordinate the implementation and operation of this Agreement and all legal instruments under it;

(b) consider and recommend to the AEM-MOFCOM any amendments to this Agreement and all legal instruments under it;

(c) negotiate amendments to or any matter arising from the operation of this Agreement and all legal instruments under it;

(d) supervise and co-ordinate the work of subsidiary bodies to be established under this Agreement and all legal instruments under it;

(e) adopt, where appropriate, decisions and recommendations of subsidiary bodies established or to be established pursuant to this Agreement and all legal instruments under it;

(f) consider any other matter that may affect the operation of this Agreement and all legal instruments under it or that is entrusted to the CAFTA-JC by the Parties; and

3

(g) carry out any other functions as the Parties may agree.

3. To assist in the fulfillment of its functions, the CAFTA-JC may establish additional subsidiary bodies, including *ad hoc* bodies, and assign them with tasks on specific matters, or delegate its responsibilities to any subsidiary body established pursuant to this Agreement or any legal instruments under it.

4. The CAFTA-JC shall convene the meetings at least twice a year or as and when it deems necessary. The ASEAN Country Coordinator for comprehensive economic cooperation with China, and China, shall assume the co-chairmanship of the CAFTA-JC. The CAFTA-JC meetings shall be held alternately in an ASEAN Member State and China. The ASEAN Secretariat and the Ministry of Commerce (MOFCOM) of China shall provide the CAFTA-JC with the necessary secretariat support.

5. The CAFTA-JC shall regularly report to the AEM-MOFCOM Consultations, through the meetings of their Senior Economic Officials."

Article 2
Depositary

For the ASEAN Member States, this Protocol shall be deposited with the Secretary-General of ASEAN, who shall promptly furnish a certified copy thereof to each ASEAN Member State.

Article 3
Entry into Force

1. This Protocol shall enter into force on 1 January 2013.

4

2. The Parties shall undertake to complete their internal procedures for the entry into force of this Protocol prior to 1 January 2013.

3. A Party shall, upon the completion of its internal procedures for the entry into force of this Protocol, notify all the other Parties in writing.

4. Where a Party is unable to complete its internal procedures for the entry into force of this Protocol by 1 January 2013, the rights and obligations of that Party under this Protocol shall commence on the date of the Party's written notification to all the other Parties that it has completed its internal procedure for the entry into force of this Protocol.

IN WITNESS WHEREOF, the undersigned being duly authorised by their respective Governments, have signed this Third Protocol to Amend the Framework Agreement on Comprehensive Economic Co-operation between the People's Republic of China and the Association of Southeast Asian Nations.

DONE at Phnom Penh, Cambodia, this _____ November in the Year Two Thousand and Twelve, in duplicate copies in the English language.

For the People's Republic of China:

CHEN DEMING
Minister of Commerce

For Brunei Darussalam:

LIM JOCK SENG
Second Minister of Foreign Affairs and Trade

5

For the Kingdom of Cambodia:

CHAM PRASIDH
Senior Minister and Minister of Commerce

For the Republic of Indonesia:

GITA IRAWAN WIRJAWAN
Minister of Trade

For the Lao People's Democratic Republic:

NAM VIYAKETH
Minister of Industry and Commerce

For Malaysia:

MUSTAPA MOHAMED
Minister of International Trade and Industry

6

For the Republic of the Union of Myanmar:

KAN ZAW
Union Minister for National Planning and Economic Development

For the Republic of the Philippines:

GREGORY L. DOMINGO
Secretary of Trade and Industry

For the Republic of Singapore:

LIM HNG KIANG
Minister for Trade and Industry

For the Kingdom of Thailand:

BOONSONG TERIYAPIROM
Minister of Commerce

7

For the Socialist Republic of Viet Nam:

VU HUY HOANG
Minister of Industry and Trade

8

资料来源：http：//fta. mofcom. gov. cn/dongmeng/dm_ kuangjiaxieyi. shtml.

第三节 婚前协议与条约的相似性

从上述两部分内容可以看出，婚前协议和条约之间具有诸多相似性，总结起来，主要体现在双方的历史渊源、主要内容、形成过程、呈现形式和法律效力上。

表 4—1 婚前协议与条约的相似性

	婚前协议	条约
历史渊源	处理夫妻间事务	处理国家间事务
主要内容	处理财产纠纷	处理利益纠纷
形成过程	夫妻平等协商	国家间协商
呈现形式	婚前协议文本	条约文本
法律效力	解决婚后纠纷	签约后纠纷

资料来源：笔者自制。

历史渊源相似。婚前协议是为了处理夫妻间事务，而条约是为了处理国家间事务，二者都是为了处理不同行为主体间的事务。

主要内容相似。婚前协议主要是处理夫妻财产纠纷，条约主要是处理国家利益纠纷，二者都是为处理纠纷而设立的。

形成过程相似。婚前协议基于夫妻平等协商而产生，条约基于国家间平等协商而产生。

呈现形式相似。婚前协议通过文本协议的方式呈现，双方签署后生效。条约大多以条约文本的方式呈现，签约后生效。二者都是以文本形式呈现的。

法律效力相似。婚前协议主要是为了处理婚后纠纷而设立的，条约也是为了处理签约后的国家间纠纷，二者主要针对签约后的违约行为。

上述几个方面全面地展示了婚前协议与条约的相似性，为我们通过婚姻事务来理解外交提供了一条便捷的途径。

第四节　外交学案例——中国和澳大利亚的自由贸易协定

接下来，我们运用上述婚前协议和条约的相似性来具体分析中国和澳大利亚的自由贸易协定签订过程，以此来拓展对外交学的认知。

一、中澳自由贸易协定的渊源

1972 年，中国同澳大利亚建交，正式建立双边官方关系。自此，两国不断熟络起来，相互往来开始变得频繁。建交后，中澳双边经贸关系日益密切。1978 年，澳大利亚给予中国普惠待遇。1981 年，两国签订经济和技术合作协定。1999 年，中澳结束有关中国加入世贸组织的双边谈判。这一时期，两国通过多方接触，全面了解，感情迅速升温。

更为重要的是，中国实现与其他国家的自由贸易，是中国和世界贸易发展的主流。在澳大利亚之前，中国已先后与不同地区或国家签署了多个自贸协定，对于这些国家或地区的发展产生了明显的促进作用。

二、中澳自由贸易协定的主要内容

协定签署后，中国和澳大利亚意在建立自由贸易区。根据谈判结果，澳大利亚对所有中国产品实施零关税；在服务领域，彼此向对方开放多个部门；在投资领域，双方给予对方最惠国待遇，并大幅降低企业投资审查门槛，增加市场准入度和透明度。

三、中澳自由贸易协定的形成过程

中澳自由贸易协定的谈判过程历时10年，共计22轮，是中国继“入世”谈判后所进行的时间最长的一次谈判。这一艰辛的谈判过程经历了如下关键步骤和内容：

表4—2　中澳自由贸易协定形成过程

轮数	时间	主要议程
1	2005年4月18日	双方签署《中华人民共和国商务部与澳大利亚外交贸易部关于承认中国完全市场经济地位和启动中华人民共和国与澳大利亚自由贸易协定谈判的谅解备忘录》
2	2005年8月21—24日	双方就两国贸易体制交换信息
3	2005年11月2—4日	了解彼此贸易体制
4	2006年2月27日至3月2日	在货物贸易、农产品贸易、服务贸易和法律议题四个领域进行分组讨论 就中澳自贸区未来协议的法律框架、基本原则和一些具体领域的案文交换意见

续表

轮数	时间	主要议程
5	2006年5月25日	未来自贸区协议的框架和所包含的章节基本达成一致
6	2006年9月	就市场准入问题展开实质性谈判
7	2006年	法律议题
8	2007年3月	货物贸易领域的首次出要价 交换服务贸易领域的第二批壁垒清单和投资领域的首批壁垒清单 双方讨论原产地规则、检验检疫标准、海关程序
9	2007年12月	重点讨论银行、保险、证券、建设设计、机械工程、教育等问题
10	2007年10月	海关程序、技术性贸易壁垒、卫生动植物检疫及原产地规则
11	2008年6月16—20日	就第10轮谈判继续展开讨论
12	2008年9月	就第11轮谈判继续展开讨论
13	2008年12月1—5日	双方就自由贸易协议相关问题进行磋商
		谈判中断一年
14	2010年2月24—26日	双方就农产品市场准入、原产地规则、服务贸易、投资等议题进行深入讨论
15	2010年6月	双方讨论了农产品、非农产品、服务、投资、海关程序等领域的问题
		谈判中断一年
16	2011年7月	对此前的谈判进行全面梳理，审核相关领域的协定
17	2011年11月	讨论协定文本

续表

轮数	时间	主要议程
18	2012 年 3 月	双方努力通过各种方式推动谈判，取得了积极进展
19	2013 年 6 月 4—6 日	双方进行深度磋商和讨论，为下一步取得实质性突破奠定了基础
20	2014 年 5 月 4—9 日	积极务实推进中澳自贸协定谈判进程
21	2014 年 9 月 1—5 日	对货物贸易、服务贸易、投资、协议案文等议题进行磋商
22	2014 年 11—17 日	中澳双方共同宣布结束自由贸易协定实质性谈判

资料来源：http：//datanews. caixin. com/2014 – 11 – 17/100658005. html.

四、中澳自由贸易协定的呈现形式

中澳自由贸易协定有待于经过两国立法机构的认可，在适宜的时候签署最终文本。

五、中澳自由贸易协定的法律效力

继中韩自贸协定后，中澳自由贸易协定是中国与亚太地区重要经济体签署的另外一个自由贸易协定谈判。协定有利于两国实现优势互补与互利双赢，促进双边经贸关系深入发展。

综上所述，婚姻中的婚前协议与国际关系领域的条约具有相似性，二者都是用来处理相关主体权利与义务的手段和方式。中国和澳大利亚的自由贸易协定的签订过程充分说明了国际关系领域条约的复杂性和斗争性，各国为了本国利益的最大化，势必在条约签署过程中针锋相对。这也好比在日常生活中，即将步入婚姻殿堂的情侣也可能会因婚前协议而闹得不欢而散。

趣味问答

1. 爸爸和妈妈在家里总因家庭琐事而争吵不休，这与国际关系领域哪些地区的热点问题具有相似性?

东亚地区的____________问题

中东地区的____________问题

非洲地区的____________问题

西欧地区的____________问题

第五章

罗密欧与朱丽叶——美苏冷战中两德的“爱恨纠葛”

在当今社会，“自由恋爱”与“婚姻自主”早已是人们司空见惯的常态，也是法律所规定的公民权利。然而，婆媳关系作为一个社会话题，时常引起街头巷尾的热议；而丈母娘作为拉动房价的一支重要力量，也是异军突起。这一切其实都折射出家族对婚姻仍旧存在很大影响。

回顾历史，家族作为影响婚姻生活重要因素的例子可谓不胜枚举。在古代中国，婚姻大事须经由父母之命、媒妁之言乃至家族中诸多长辈的认可方可达成。最经典的便是《红楼梦》中宝黛的“木石前盟”与宝钗的“金玉良缘”。在古代西方，邦国林立，婚姻同样是牵涉家庭、家族乃至城邦利益的重大事务，我们最为熟知的便是莎士比亚笔下的罗密欧与朱丽叶的故事。

仔细考察国家间外交，其实国家之间的互动中同样存在着这样的家族（国家集团）因素，最为典型的便是冷战时期西德与东德在以美国为首的北约家族和以苏联为首的华约家族影响下“剪不断，理还乱”的爱恨纠葛。

本章我们就将从罗密欧与朱丽叶的故事出发，细数在美苏两大家族的摆布下，东德与西德间的那些爱恨纠葛。

第一节　罗密欧与朱丽叶的爱情故事

一、基本介绍

《罗密欧与朱丽叶》，英文原名为 *The Most Excellent and Lamentable Tragedy of Romeo and Juliet*，简写为 *Romeo and Juliet*，是英国剧作家莎士比亚（William Shakespeare）著名的正剧，但罗密欧与朱丽叶的故事并非由莎士比亚原创，而是改编自阿瑟·布卢克（Arthur Broke）1562 年的小说《罗密欧与朱丽叶的悲剧历史》（*The Tragical History of Romeus and Juliet*）。也有说法认为，其改编自意大利文艺复兴时期小说家马泰奥·班戴洛创作的一部小说。但不能否认的是，罗密欧与朱丽叶的故事正是在莎士比亚的笔下才终于被世人所熟知，并传诵至今的。

在莎士比亚的诸多著作中，《罗密欧与朱丽叶》以大量的抒情形式而著称。戏剧中的男女主人公完全沉浸在对爱情的热忱、向往之中，第二幕第二场在凯普莱特家花园中，朱丽叶对月抒怀，表现了青年男女热烈的情感交流和相别时的难舍难分，弹奏出一曲曲情意缠绵的爱的青春颂歌。

本剧所表现出的对于美好爱情的热烈歌颂，长久以来打动了一代又一代人，因而该剧也被多次改编成歌剧、交响曲、芭蕾舞剧、电影及电视作品。法国作曲家古诺曾将此剧谱写为歌剧，著名的音乐剧《西城故事》亦改编自本剧。俄国作曲家柴可夫斯基谱有《罗密欧与朱丽叶幻想序曲》，作曲家普罗高菲夫则为该剧编写了芭蕾舞乐曲，均获得大众的喜爱。而 1996 年的电影版名为《罗密欧与朱丽叶·后现代激情篇》，由好莱坞艺人莱昂纳多·迪卡普里奥与克莱尔·黛恩斯主演，于 1997 年在柏林影展获得多个奖项。

二、故事梗概

第一回　意大利古城两世仇，真孽缘儿女两钟情

凯普莱特和蒙太古是意大利古城维洛那的两大家族，这两大家族有着深刻的世仇，经常械斗。蒙太古家有个儿子叫罗密欧，17 岁，品学兼优，是个大家都很喜欢的小伙子。可他喜欢上了一个不喜欢他的女孩罗萨兰，当听说罗萨兰会去参加凯普莱特家的宴会后，他决定潜入宴会场。所以，罗密欧为了罗萨兰，而他的朋友为了让罗密欧找一个新的女孩而放弃罗萨兰，他们二人带着各自的目的，戴上了面具，混进了宴会场。

在这次宴会上，罗密欧被凯普莱特家的独生女儿朱丽叶深深吸引住了。这天晚上，朱丽叶是宴会的主角，13 岁的她美若天仙。罗密欧上前向朱丽叶表达了自己的爱慕之情，朱丽叶也对罗密欧有好感，但当时双方都不知道对方的身份。真相大白之后，罗密欧仍然不能摆脱自己对朱丽叶的爱慕。他翻墙进入凯普莱特的果园，正好听见了朱丽叶在窗口情不自禁呼唤自己的声音。显然，双方是一见钟情。

➢原文欣赏

ACT 1，SCENE 2

ROMEO

He jests at scars that never felt a wound.
But soft, what light through yonder window breaks?
It is the east, and Juliet is the sun.
Arise, fairsun, and kill the envious moon,
Who is already sick and pale with grief
That thou her maid art far more fair than she.
Be not her maid, since she is envious,
Her vestal livery is but sick[2] and green,
And none but fools do wear it. Cast it off.
It is my lady. O, it is my love!
O, that she knew she were!
She speaks, yet she says nothing. What of that?
Her eye discourses; I will answer it.
I am too bold. 'Tis not to me she speaks.
Two of the fairest stars in all the heaven,
Having some business, do[1] entreat her eyes
To twinkle in their spheres till they return.
What if her eyes were there, they in her head?
The brightness of her cheek would shame those stars,
As daylight doth a lamp. Her eyes[1] in heaven
Would through the airy region stream so bright
That birds would sing and think it were not night.
See, how she leans her cheek upon her hand!
O, that I were a glove upon that hand,

That I might touch that cheek!

第二回　慈神父巧点鸳鸯谱，罗公子怒杀娇妻兄

第二天，罗密欧去见附近修道院的神父，请神父代为帮忙。神父答应了罗密欧的请求，觉得这是一个能化解两家矛盾的途径。罗密欧通过朱丽叶的奶娘把她约到了修道院，在神父的主持下，罗密欧与朱丽叶结成了夫妻。这天中午，罗密欧在街上遇到了朱丽叶的堂兄提伯尔特。提伯尔特想要和罗密欧决斗，罗密欧不愿决斗，于是他的朋友决定和提伯尔特决斗，结果被提伯尔特借机杀死了。罗密欧大怒，拔剑为朋友报仇，结果把提伯尔特杀死了。

➢原文欣赏

ACT 2，SCENE 6

ROMEO

Ah，Juliet，if the measure of thy joy
Be heaped like mine，and that thy skill be more
To blazon it，then sweeten with thy breath
This neighbor air，and let rich music's[4] tongue
Unfold the imagined happiness that both
Receive in either by this dear encounter.

JULIET

Conceit，more rich in matter than in words，
Brags of his substance，not of ornament.
They are but beggars that can count their worth.
But my true love is grown to such excess

I cannot sum up sum of half my wealth.

FRIAR

Come, come with me, and we will make short work.

For, by your leaves, you shall not stay alone

Till Holy Church incorporate two in one.

……

第三回　罗公子挥泪走天涯，朱姑娘无奈嫁王孙

经过多方协商，城市的统治者决定驱逐罗密欧，下令如果他敢回来就处死他。朱丽叶很伤心，她非常爱罗密欧。罗密欧不愿离开，经过神父的劝说才同意暂时离开。这天晚上，他偷偷爬进了朱丽叶的卧室，两人度过了新婚之夜。第二天天一亮，罗密欧就不得不开始了他的流放生活。罗密欧刚一离开，出身高贵的帕里斯伯爵再次前来求婚。凯普莱特非常满意，命令朱丽叶下星期四就结婚。

➢原文欣赏

ACT 3，SCENE 2

JULIET

Gallop apace, you fiery-footed steeds,

Towards Phoebus' lodging. Such a wagoner

As Phaeton would whip you to the west

And bring in cloudy night immediately.

Spread thy close curtain, love-performing night,

That runaways' eyes may wink, and Romeo

Leap to these arms, untalked-of and unseen.

Lovers can see to do their amorous rites
By[4] their own beauties. Or, if love be blind,
It best agrees with night. Come, civil night,
Thou sober-suited matron all in black,
And learn me how to lose a winning match
Played for a pair of stainless maidenhoods.
Hood my unmanned blood, bating in my cheeks,
With thy black mantle till strange love grow bold,
Think true love acted simple modesty.
Come, night. Come, Romeo. Come thou day in night.
For thou wilt lie upon the wings of night
Whiter than new snow upon[2] a raven's back.
Come gentle night. Come loving black-browed night.
……

第四回　巧施计神父转局面，姻缘错罗朱双殉情

朱丽叶去找神父想办法，神父给了她一种药，告诉她服下去后会像死了一样，但42小时后就会苏醒过来。神父答应她会派人去叫罗密欧，然后很快挖开墓穴，让她和罗密欧远走高飞。朱丽叶依计行事，在婚礼的头天晚上服了药，第二天的婚礼自然变成了葬礼。神父马上派人去通知罗密欧。可是，罗密欧在神父的送信人到来之前却得知了错误的消息。他在半夜来到朱丽叶的墓穴旁，杀死了阻拦他的帕里斯伯爵，掘开了墓穴。他吻了一下朱丽叶之后，就掏出随身带来的毒药一饮而尽，倒在朱丽叶身旁死去了。等神父赶来时，罗密欧和帕里斯已经死了。这时，朱丽叶也醒过来了。人越来越多，

神父来不及告诉朱丽叶真相，就逃走了。朱丽叶见到死去的罗密欧，不想独活人间，她没有找到毒药，就拔出罗密欧的剑刺向自己，倒在罗密欧身上死去了。

➤原文欣赏

ACT 5，SCENE 3

ROMEO5. 3. 74

In faith，I will. Let me peruse this face. *look at*
Mercutio's kinsman，noble County Paris!
What said my man when my betossèd soul
Did not attend him as we rode? I think *listen to him*
He told me Paris should have married Juliet.
Said he not so? Or did I dream it so?
Or am I mad，hearing him talk of Juliet，
To think it was so? —O，give me thy hand，
One writ with me in sour misfortune's book!
I'll bury thee in a triumphant grave.
A grave? O no，A lantern，slaughtered youth，
For here lies Juliet，and her beauty makes
This vault a feasting presence full of light.
Death，lie thou there，by a dead man interred.
How oft when men are at the point of death
Have they been merry，which their keepers call
A lightning before death! O，how may I
Call this a lightning? —O my love! My wife!

Death, that hath sucked the honey of thy breath,
Hath had no power yet upon thy beauty.
Thou art not conquered. Beauty's ensign yet
Is crimson in thy lips and in thy cheeks,
And death's pale flag is not advancèd there.
Tybalt, lie'st thou there in thy bloody sheet?
O, what more favor can I do to thee
Than with that hand that cut thy youth in twain
To sunder his that was thine[2] enemy?
Forgive me, cousin! —Ah, dear Juliet,
Why art thou yet so fair? Shall I believe
That unsubstantial Death is amorous,
And that the lean abhorrèd monster keeps
Thee here in dark to be his paramour?
For fear of that, I still will stay with thee,
And never from this palace[3] of dim night
Depart again. Here, here will I remain
With worms that are thy chambermaids. O, here
Will I set up my everlasting rest,
And shake the yoke of inauspicious stars
From this world-wearied flesh. Eyes, look your last.
Arms, take your last embrace. And lips, O, you
The doors of breath, seal with a righteous kiss
A dateless bargain to engrossing Death.
Come, bitter conduct, come, unsavory guide,

Thou desperate pilot, now at once run on
The dashing rocks thy sea-sick weary bark!
Here's to my love! [*drinks*] O true apothec'ry,
Thy drugs are quick. [*kisses her*] Thus with a kiss I die.

第五回　主公义亲王定裁断，丧儿女两家终言欢

两家的父母都来了，爱斯卡勒斯亲王也被请来裁决案件，神父向他们讲述了罗密欧和朱丽叶的故事。失去儿女之后，两家的父母才清醒过来，可是已经晚了。从此，两家消除积怨，并在城中为罗密欧和朱丽叶各铸了一座金像。

➢原文欣赏

ACT 5, SCENE 3

PRINCE
A glooming peace this morning with it brings.
The sun, for sorrow, will not show his head.
Go hence to have more talk of these sad things.
Some shall be pardoned, and some punishèd.
For never was a story of more woe
Than this of Juliet and her Romeo.

三、故事分析

阅读故事梗概，我们可知故事的背景为：凯普莱特和蒙太古是两大结有世仇的颇有势力的大家族，彼此经常产生矛盾以至于发生械斗，敌对情绪日渐积淀，难以消弭。罗密欧与朱丽叶作为

这两大敌对家族的子女，他们的爱情在所难免地受到两大家族的影响，而且必将成为两大家族矛盾的焦点。伴随着矛盾的酝酿与发酵，整个爱情故事也一波三折，荡气回肠。总结起来，可以整理出如下三次危机：

第一次危机
罗密欧喜欢上了一个不喜欢自己的姑娘罗萨兰，当听说罗萨兰要去参加凯普莱特家族的宴会时，他便决定尾随而去。他的朋友为了帮他走出对罗萨兰的痴恋，决定为他在宴会上物色一个新的爱慕对象。故而，两人铤而走险，戴着面具混进了世仇凯普莱特家族的宴会。可以想象，万一被发现，作为凯普莱特家族世仇之子的罗密欧将给自己带来多大的风险

第二次危机
就在罗密欧与朱丽叶秘密成婚的那天中午，罗密欧遇到了朱丽叶的堂兄提伯尔特，提伯尔特要与罗密欧决斗。罗密欧不愿决斗，但他的朋友觉得罗密欧这样做没面子，于是决定自己和提伯尔特决斗，结果被提伯尔特借机杀死。罗密欧大怒，拔剑为朋友报仇，杀死了提伯尔特。这样一来，罗密欧相当于在两大家族的旧恨之上又添了新仇。这不仅威胁到他自身及其家族，更是直接威胁到他与朱丽叶的婚姻

第三次危机
罗密欧被城市统治者下令驱逐。在神父的劝说下，对朱丽叶万般不舍的罗密欧不得已开始了流放生活。可罗密欧刚一离开，出身高贵的帕里斯伯爵再次前来求婚。凯普莱特非常满意，命令朱丽叶下星期四就结婚。在神父的帮助下，朱丽叶本打算以假死换得与伯爵取消婚约，但不明就里的罗密欧见到爱人香消玉殒，悲愤难当，毅然服毒自杀

故事发展到最后，朱丽叶假死醒来，发现挚爱的罗密欧倒在自己身上，也不愿独活人间，拔出罗密欧的剑刺向自己，依偎着罗密欧死去。罗密欧与朱丽叶终于实现了永远的结合，即便是以死亡的方式。

两家的父母闻讯赶来，神父向他们讲述了罗密欧和朱丽叶的故事。失去儿女的两家父母这才清醒过来，可是悔之晚矣。从此，两家消弭积怨，握手言和，并在城中为罗密欧和朱丽叶各铸了一座金像。

第二节　婚姻互动与外交互动

在人类社会中，婚姻中的互动历来包含着人类最复杂的理性与感性因素。而处理国家利益的外交互动同样极为复杂艰巨，也是由拥有着理性与感性的人来操作的，因而两者有了极大的可比性。在本章，我们通过莎士比亚的生花妙笔了解了罗密欧与朱丽叶跌宕曲折的爱情故事，其实放眼世界，国家间的外交互动中也存在着一个极为类似、同样跌宕曲折的故事——美苏冷战下的两德爱恨纠葛。各位若不信，请看下表。

表 5—1　罗密欧与朱丽叶 VS 东德与西德

	罗密欧与朱丽叶	东德与西德
背景矛盾	凯普莱特和蒙太古两大家族敌对	美苏两大阵营冷战
	凯普莱特和蒙太古两大家族争夺城市的控制权	以美苏为首的北约和华约两大阵营争夺世界霸权

续表

第一次危机	罗密欧冒险尾随自己喜欢的姑娘罗萨兰混入凯普莱特家族宴会	第一次柏林危机发生于 1948 年，又称“柏林封锁”（Berlin Blockade），是冷战开始后最早发生的危机，其导火线为 1948 年 6 月 24 日苏联阻塞铁路和到柏林西部的通道，直至 1949 年 5 月 12 日苏联宣布解除封锁，停止行动之后，危机才得以缓和
第二次危机	罗密欧为朋友报仇，失手杀害了朱丽叶的堂兄——凯普莱特家族的提伯尔特	第二次危机发生于 1958 年，苏联发出最后通牒，要求英、美、法 6 个月内撤出西柏林驻军，后来以苏联让步完结
第三次危机	罗密欧在不知晓朱丽叶假死的情况下，误以为朱丽叶真的离世，因而悲伤过度，服毒自杀	第三次发生于 1961 年，苏联重新提出西柏林撤军要求，事件以苏联在东柏林筑起柏林墙而告终结，美苏关系以苏联冻结柏林问题而得以缓和
高潮	罗密欧与朱丽叶终于通过死亡的方式实现了永久的结合	两德统一。原德意志民主共和国（即东德）于 1990 年 10 月 3 日通过并入德意志联邦共和国（即西德）的方式完成了德国统一。1990 年 3 月 18 日东德举行史上第一次民主选举之后，东西德立即展开统一谈判，最后两德与第二次世界大战后占领德国的四国（美、英、法、苏）达成二加四条约，允许统一之后的德国成为完全独立自主的国家，4 个占领国的特权全部取消
结局	两大家族如梦初醒，消弭矛盾，握手言和	1991 年，苏联解体，美苏冷战结束，俄国与西方言和，主动西方化

资料来源：笔者自制。

通过上表我们不难发现，美苏冷战下的西德与东德恰如在凯普莱特和蒙太古两大敌对家族阴影下相爱的罗密欧与朱丽叶。两德的外交互动也是在两大敌对的国家集团（家族），即资本主义阵营与社会主义阵营的阴影下进行的。两者同样经历了三次重大危机，正如罗密欧与朱丽叶以死亡的方式最终实现了结合一样，两德也通过艰难的谈判与妥协最终换得了统一。伴随着两德的统一，两大阵营的关系也出现了缓和。最终，伴随着苏联的解体，其后的俄罗斯联邦终于实现了与以美国为首的西方阵营的握手言和，即便之后的事实证明，这次言和的时间效力极为短暂。

第三节　美苏冷战中两德的“爱恨纠葛”

一、历史背景

冷战是第二次世界大战后特殊历史时期内，以美苏争夺世界霸权为矛盾中心，以两极格局为特点，以消耗巨大的军备竞赛、经济竞争、政治对抗、意识形态特征为主要内容的长期的全面的较量，是一种既非战争又非和平的紧张状态。

> *From Stettin in the Baltic to Trieste in the Adriatic, an iron curtain has descended across the Continent.*
>
> *—— "The Sinews of Peace"*
>
> *by Winston Churchill, March, 1946*

1946 年 2 月 9 日，美国驻苏联大使馆代办乔治·凯南在墨西哥发表了苏联必须为可能存在的威胁备战的演讲后，向国内发送了关于遏制苏联的八千字电文。1946 年 3 月 5 日，当时已经下野的丘吉尔访问了杜鲁门的母校密苏里州富尔敦的威斯敏斯特学院，在该校发表了《和平砥柱》的演讲，鼓吹英美联合对付苏联。1946 年，白宫主要助理克拉克·克利福德起草了《美国与苏联的关系》的报告，全面勾画了美国在以后一个时期将推行的以军事抑制为主的遏制战略。1947 年 3 月 12 日，杜鲁门在国会两院特别联席会议上发布了旨在遏制苏联的国情咨文，其核心思想后来被称为“杜鲁门主义”。作为冷战标志的杜鲁门主义明确提出遏制战略，意图阻止苏联扩张，施加强压，力求最终搞垮对手。美国这次战略调整以遏制苏联建立联盟为托词，进行全球扩张。美国通过马歇尔计划、北约和亚洲的同盟体系，建立前沿基地，以及提供大量军事和经济援助，建立起西方联盟并充当自由世界的领导者。

Perhaps the catastrophe of war could have been avoided if the possibility of periodic redistribution of raw materials and markets between the countries existed in accordance with their economic needs, in the way of coordinated and peaceful decisions. But this is impossible under the present capitalist development of world economy.

—— STALIN'S ELECTION SPEECH, FEBRUARY 9, 1946

可以说，苏联为第二次世界大战的胜利做出了巨大牺牲。据苏联政府统计，苏联国民经济损失近5000亿美元，近2000万人在战争中丧生。但同时，二战也为苏联成为世界强国奠定了基础，苏联作为一个军事政治巨人在欧亚大陆崛起。鉴于俄国在历史上屡遭异国侵略以及可能存在的资本主义国家对苏联的围堵，斯大林为了确保社会主义国家的安全，积极推进和扩大苏联的势力及影响，并谋求建立起不容他人染指的势力范围乃至全球霸权。1947年，苏联与东欧一些国家成立了共产党和工人情报局，1950年签订了中苏友好同盟互助条约，还成立了社会主义国家经互会和华沙条约组织，组成了以苏联为首的社会主义阵营。

这一时期形成的美苏两大阵营对峙的两极格局的特点是：

1. 两个超级大国拥有强大的军事实力、经济资源及政治控制力，对全球事务起着支配作用；

2. 平衡机制在两极自身。双方的相互核威慑是战略平衡的基础，地区的常规威慑构成均势的子系统；

3. 以美苏为盟主的意识形态和社会制度对立的两大阵营组成对立的军事集团，在各自势力范围和分界线对峙，在中立地区和国际化地区保持缄默；

4. 互视对方为主要敌手和威胁，保持高度紧张与敌意。两极竞争的零和性质决定双方对于威胁的反应迅速，在战争边缘上保持克制。

二、两大阵营

冷战大幕拉开，以美国为首的北约阵营和以苏联为首的华约阵营相继建立。

北约阵营即北大西洋公约组织（North Atlantic Treaty Organization，NATO），简称北约组织或北约，是美国与西欧、北美主要发达国家为实现防卫协作而建立的一个国际军事集团组织。北约拥有大量核武器和常规部队，是西方的重要军事力量。这是第二次世界大战后资本主义阵营军事上实现战略同盟的标志，是马歇尔计划在军事领域的延伸和发展。

1949 年，北约在美国华盛顿签署协定。1949 年 4 月 4 日，美国、加拿大、比利时、法国、卢森堡、荷兰、英国、丹麦、挪威、冰岛、葡萄牙和意大利在华盛顿签署了北大西洋公约，决定成立北大西洋公约组织。希腊和土耳其于 1952 年 2 月 18 日、联邦德国于 1955 年 5 月 6 日、西班牙于 1982 年 5 月 30 日正式加入该组织。

华约阵营，即华沙条约组织（Warsaw Treaty Organization），是为对抗北大西洋公约组织而成立的政治军事同盟。1955 年德意志联邦共和国（西德）加入北约后，欧洲社会主义阵营国家（包括德意志民主共和国，即东德）签署了《华沙公约》，全称《阿尔巴尼亚人民共和国、保加利亚人民共和国、匈牙利人民共和国、德意志民主共和国、波兰人民共和国、罗马尼亚人民共和国、苏维埃社会主义共和国联盟、捷克斯洛伐克共和国友好合作互助条约》（又称苏东条约）。该条约由苏联领导人赫鲁晓夫起草，1955 年 5 月 14 日在波兰首都华沙签署。东欧社会主义国家除南斯拉夫以外，全部加入华约组织；在亚洲方面，除中华人民共和国和朝鲜民主主义人民共和国之外，其他社会主义国家都是华约组织观察员国。

成员国包括阿尔巴尼亚人民共和国、保加利亚人民共和国、匈牙利人民共和国、德意志民主共和国、波兰人民共和国、罗马尼亚人民共和国、苏维埃社会主义共和国联盟、捷克斯洛伐克共和国。

1991年7月1日，华沙条约组织正式解散。

正如上文所述，东德与西德分属华约与北约两大阵营之中。

三、两德爱恨

第一回　争霸权两家终反目，苦鸳鸯两德被拆散

——第一次柏林危机

美苏冷战全面展开以后，德国的问题日益突出和尖锐化。因为德国不仅是东西方进行对抗的一个主要场所，也是美苏在建立和发展各自的同盟体系时竭力争夺的重要力量。

由于解决德国问题的专门机构未能取得任何实质性成果，自1948年2月起，美国联合英国、法国、比利时、荷兰、卢森堡五国召开六国会议，商议成立单独的西德政府问题协调机构，并于1948年6月初签署了《伦敦协定书》。针对西方的行动，苏联也采取了相应的措施。自1948年4月1日起，苏联对柏林进行了为期10天的陆上交通管制。其后，美、英、法三国与苏联在各自占领区内发行了不同的货币。

1948年6月24日，苏联开始封锁柏林与西占区之间的交通，美、英、法三国对此做出了强烈的反应，第一次柏林危机爆发。1948年9月，美、英、法将柏林问题提交联合国安理会讨论；10月，苏联对西方提案行使否决权；11月，柏林东占区成立“临时民主政府”；12月，柏林西占区成立“市政府”，柏林实际上正式分裂为东柏林和西柏林两个城市实体。

1949年5—6月，苏、美、英、法四国外长在巴黎举行了会议，会议仅达成了关于解除柏林封锁的协议。虽然1948年6月24日爆发的第一次柏林危机至1949年5月12日终告结束，但是接踵而来的却是德国的正式分裂：德意志联邦共和国和德意志民主共和国先

后宣告成立。

第二回　起争端西德备核武，好机遇苏联转攻势

——第二次柏林危机

1958 年 3 月，西德议会通过用核武器装备军队的决议，此举引起东德和苏联的强烈反应。赫鲁晓夫决定抓住机会，迫使美国接受苏联的要价，形成美苏协商解决重大国际问题的局面，以此显示美苏的“平等地位”和实现其“美苏共同主宰世界”的目标。

当年 10 月 27 日，东德领导人乌布利希发表声明，指责西方国家违反波茨坦协定，因此已无权继续留在柏林，柏林将实现统一，成为民主德国的首都。11 月 10 日，赫鲁晓夫在莫斯科发表演说支持乌布利希的立场，提出结束柏林的占领制度，美、英、法应撤出西柏林，苏联也将把东柏林的管制权移交给民主德国政府。11 月 27 日，苏联政府正式照会西方三国，要求它们在 6 个月内撤走西柏林的驻军，使西柏林成为联合国监督下的非军事化的“自由城市”，如果届时西方国家不走，苏联将单独同民主德国签订和约，并把进出西柏林的通道交给民主德国管理。与此同时，赫鲁晓夫还扬言，对西柏林这颗西方国家留在民主德国土地上的“毒瘤”，须进行“外科手术”予以割除，必要时苏联将动用核武器和洲际导弹保卫民主德国。苏联的威胁性言论和限期撤军的通牒一时在柏林问题上造成了紧张气氛，危机由此而起。

面对苏联的压力，西方国家在协调立场后采取了针锋相对的措施。一方面，以强硬姿态表示决不离开西柏林，甚至不惜为此一战；另一方面，表示可就柏林问题举行四大国（美、英、法、苏）外交部长会议予以讨论。苏联在柏林问题上做文章的目的本来就是迫使美国与自

己谈判，既然西方在谈判问题上松了口，苏联也就顺水推舟了。1959年1月，苏联部长会议第一副主席米高扬利用到美国“休假”之机向美国传递信息，表示“6个月期限”不是最后通牒，重要的是美苏间开始谈判。2月，英国首相麦克米伦到莫斯科访问时，赫鲁晓夫对他也做了同样的表态。当然，赫鲁晓夫本希望举行美苏首脑会谈，但在达不到这一目标的情况下，苏联也接受了外长会议的方案。5月11日，四国外长会议在日内瓦开幕，第二次柏林危机缓和下来。

第三回　起争端西德备核武，好机遇苏联转攻势

——第三次柏林危机

然而，四国外长会议没有解决实质性问题，苏联也不满足于这种较低级别的会谈，为了进一步向西方施压，1959年6月赫鲁晓夫又发表了要求西方离开西柏林的言论。在局势有可能反复的情况下，美国在提高谈判级别问题上向苏联做了让步。7月，美国总统艾森豪威尔正式邀请赫鲁晓夫访问美国，赫鲁晓夫与艾森豪威尔举行了战后第一次美苏首脑会谈。会谈中，美国方面坚决要求苏联放弃在柏林问题上提出的最后通牒式条件，否则就退出会谈。为了避免来之不易的会谈失败，赫鲁晓夫最后同意收回原来关于柏林问题的声明，承认这是一个有待谈判而不是一个靠单方面行动来解决的问题。在苏联方面做了这一让步后，美国同意按苏联的建议举行四大国首脑会议进行具体谈判。9月27日，双方发表联合公报宣布会谈结果，赫鲁晓夫邀请艾森豪威尔于1960年回访苏联。

然而，美苏关系缓和的好景并不长。事隔不久，1960年5月1日发生的U-2飞机事件又引发了美苏关系的新一轮紧张态势。柏林危机加剧了原本就存在的民主德国居民利用柏林通道逃往联邦德国

的问题。1961 年夏天，随着柏林危机进入高潮，从东柏林逃往西柏林的人数也达到最高峰，这种状况给民主德国造成了严重危害。为了阻止人员西逃，民主德国领导人在 8 月 3—5 日召开的华沙条约组织成员国首脑会议上提出在西柏林周围修建封锁墙的方案，这一方案得到苏联的许可。8 月 12 日午夜，“柏林墙”工程付诸实施，首先在东西柏林间拉起了铁丝网，随后又围绕西柏林修建了永久性的水泥墙，并配置使人难以逾越的警戒设施，整个工程历时数年才完成。从“柏林墙”修建之日起，西柏林与外界的水陆交通必须经过所保留的若干设有检查站的过境通道口，这样就有效地阻止了非法越境，逃往西柏林的人潮也被遏制住了。

“柏林墙”的修建引起西方国家的抗议，为了表示保卫西柏林的决心，时任美国总统肯尼迪增派 1500 名军人进入西柏林，此举也是为了试探苏联和东德修墙的真实意图。美国军人经过过境站顺利进入西柏林，表明苏联无意封锁交通线，也不打算采取逼迫西方驻军离开西柏林的强硬措施，于是西方国家也就容忍了“柏林墙”的存在。同时，“柏林墙”的修建对苏联来说则可以作为一种胜利的象征，赫鲁晓夫遂以此为台阶，主动平息了柏林危机。在当年 10 月召开的苏共二十二大上，赫鲁晓夫宣布，苏联为缓和形势不再坚持年底前签订对德和约，也不再坚持 6 个月的撤军期限。这样，以美苏关系变动为主线的第二次柏林危机历时三年、两度起伏、在留下一道“柏林墙”后宣告结束。

第四回　天下势分合两轮回，东西德夙愿终得偿

——两德合并

1989 年，东欧剧变极大地改变了冷战时期的欧洲政治版图，东

西方对峙的国际政治力量平衡被打破了。柏林墙也于1989年11月被推倒，翌年7月正式被拆除。这是两德统一的象征。

在两德统一的过程中，有如下几个特点。第一，在突如其来的变化面前，西德政府迅速抓住机遇，采取了主动行动。时任西德总理的科尔行事果断，不仅吸纳了400万人次的东德公民，还迅速宣布了德国统一计划。第二，统一进程迅捷又遵循章法。1990年5月18日，两德在波恩签订《德意志联邦共和国和德意志民主共和国关于建立货币、经济和社会联盟的条约》（国家条约）；1990年8月31日，两德又在柏林签订《德意志联邦共和国和德意志民主共和国关于实现德国统一的条约》（统一条约）。第三，统一进程充分体现了德国既独立处事又照顾到各大国及邻国的全面外交特色。美苏两国首先对德国统一表示了支持，法英随后。其后，德国又与邻国签订了边界条约，保证不会对邻国有领土要求。

第五回　镰斧锈苏联大解体，红旗黯两极终崩溃

——苏联解体，两极崩溃

1989年12月25日，苏联国旗从克里姆林宫降下，正式标志着苏联这个超级大国隐退了历史。苏联的解体标志着冷战的正式结束和雅尔塔体系的彻底崩溃。

作为苏联主要继承者的俄罗斯联邦在叶利钦的领导下，开始全盘西化策略，与西方实现了短暂的交好。

综上所述，罗密欧与朱丽叶在两大敌对家族的阴影下追求着美好而执着的爱情，最终他们以各自的死亡实现了结合，并促成了两大家族的最终和解。与此类似，西德与东德也在以美苏为代表的两大阵营的冷战阴影下进行着艰难的外交互动，最终通过两德的统一，

客观上促成了美苏关系的缓和。

婚姻与外交都是人类社会中极为复杂的关系互动形式，掺杂着理性与感性、智谋与技巧。而从婚姻的角度来审视高大上的外交，不仅有助于我们普通人看清外交，看懂外交，更让我们对于国家的崛起、世界的发展有了更深的体悟。

趣味问答

1. 根据本章的阅读，请对以下喻体与本体进行连线。

蒙太古家族	以美国为首的资本主义阵营
凯普莱特家族	东德
罗密欧	西德
朱丽叶	以苏联为首的社会主义阵营

2. 请列举《威斯特伐里亚公约》后，五个国家疆域变更的例子。

第六章

相互扶持与英法同盟

“夫妻本是同林鸟，大难临头各自飞”是对美满婚姻、浪漫爱情的考验，古往今来，有多少你侬我侬、呢喃细语的爱情被一阵狂风暴雨席卷后，变成散落一地的花瓣。“君当做磐石，妾当做蒲苇，蒲苇纫如丝，磐石无转移”，这样如神话般的爱情是否真实地存在于人世间呢？如若存在，我们又该如何面对这样的考验？其实，童话般的爱情就在你我身旁，触手可及，而破除咒语的口诀平凡而质朴——相互扶持，即能够在危难面前相濡以沫，拥有携手共同面对疾风骤雨的勇气。

婚姻爱情要经历三维困境的考验：风云变幻的大环境、箪瓢屡空的拮据生活、节外生枝的天灾人祸。同样，国家之间的关系也并非永远冻结在蜜月期或冷战期，随着国际环境的大变革以及国内经济的萎缩，各国彼此之间更愿意相互帮助，组成一个共同体去应对外部威胁，解决内部经济问题。不过理想很丰满，现实很骨感，当法国还沉浸在英法所构想的“宏伟计划”的美梦中时，美俄却作为意料之外的因素，将这一计划化为泡影。但是，所谓“精诚所致，金石为开”，英法相互扶持的艰辛最终换来了理想结局。

本章将选取三个时代的婚姻爱情故事来解说英法同盟所走过的三维困境。

第一节　相濡以沫的爱情故事

时空变幻，斗转星移，最长情的告白莫过于“你若不离不弃，我必生死相依”的承诺，相濡以沫的爱情在经历磨难后更显得弥足珍贵。文学伉俪杨绛和钱钟书共同走过的乱世情缘，诠释了危难面前矢志不渝的爱情。

一、微剧之乱世佳人：杨绛和钱钟书

杨绛与钱钟书相识于乱世，这对文学伉俪注定要走过婚姻的坎坷道路。战争、政治运动、疾病，种种磨难并未将夫妇二人拆散，他们反而谱写了琴瑟和鸣的爱情乐章。

十年“文革”期间，很多知识分子因无法承受重重炼狱，以结束生命的形式维护自尊。在那个亲人反目、没有信任、以互相寻找莫须有的罪名攻击彼此的年代，杨绛与钱钟书之间的爱支撑彼此走过了最艰难的岁月。杨绛乐观、坚强、豁达的心胸为自己编织了一件隐身衣；钱钟书温情脉脉、嘘寒问暖的情书点亮了杨绛诚惶诚恐、枯燥无味的生活。

1966 年，年过半百的夫妻二人早已搁下文笔，缄口不谈政治，但是在法治不健全的年代，他们冥冥之中早已被贴上“牛鬼蛇神”的标签。在批斗他们的大会上，宣布不给他们发工资，每月只给

发放若干生活费；上班期间身上挂牌，写明身份及罪行；组成劳动队，由监督小组监管。开完会，二人便回家“精心”制作自己的“名片”，杨绛为钱钟书找来长木板，而自己则在硬纸上剪个圆圈，然后二人工工整整地用楷体写下各自的罪名，做好之后，再各自挂在胸前相互“鉴赏”。当钱钟书被以“蔑视领导著作”的罪名揪出来，贴大字报昭告天下时，杨绛十分愤怒。二人为自证清白，在大字报下贴了张小字报，提供一些线索请求调查。这一举动却未能使二人得到清白，他们反而遭到一场声势浩大的批斗。除了批斗钱钟书，还要求杨绛陪批。造反派将杨绛押上台，为其挂牌子戴高帽，并厉声问道：“杨绛，给钱钟书通风报信的人是谁?”

“是我。”

“打着手电贴小字报的是谁?”

“是我为了给同志们提供线索，据实调查。”

对他们而言，“文革”的摧残不仅在于身体与精神的折磨，更令他们痛心疾首的是二人宝贵的书籍、书信和作品手稿被洗劫一空。在那个政治风云变幻莫测的时代，他们体验了世态炎凉，人间沧桑，如若不是相互扶持、彼此鼓励、彼此安慰，他们又怎能度过黎明前的黑暗。

二、微剧之跨国婚姻：三毛与荷西

荷西·马利亚·桂洛路易兹，西班牙籍潜水工程师；三毛，出生于重庆、成长于台北的女作家。1969 年，他们二人相识于西班牙的马德里。此时，留学西班牙的三毛在父亲的好友家过圣诞节，当地的习俗是零点之际每个人都要出门向楼上楼下的邻居、路人贺节，并拥抱遇到的第一位异性。当时，还是高中生的荷西在下楼梯时邂逅了这个美丽的东方女子三毛，俊秀帅气的拉丁男孩荷西对三毛一见钟情，并在随后的来往中表明了爱意，但此时的三毛只将其看作自己的弟弟。认识一年后，两人分开，三毛结束留学回国在台北任教，但在经历过未婚夫意外死亡的伤痛后再次整理行装来到西班牙，不经意间与阔别六年的荷西重逢。一直在等待三毛的荷西为了相伴她左右，二人在撒哈拉沙漠定居结婚，而后又迁居纳利群岛。三年后，由于工作的原因，荷西再次移居芭拉玛。1979 年，荷西意外死亡，这段为期 6 年的异国恋、姐弟恋戛然而止。

三毛与荷西的婚姻没有花前月下的唯美画面，没有山盟海誓的结婚宣言，更没有华丽奢侈的结婚仪式，只有两颗相互陪伴的心。当荷西知道三毛会执着地走向撒哈拉沙漠时，他已经提前在那里的磷矿公司找到工作，以便更好地照顾三毛。当荷西为了爱情去沙漠受苦时，三毛也下定决心与他天涯海角地流浪一辈子。他们的深情从以下对话中可见一斑。

荷西：“你想嫁个什么样的人？”

三毛：“看得顺眼的，千万富翁也嫁；看得不顺眼的，亿万富翁也不嫁。”

荷西：“说来说去，你还是想嫁个有钱的。”

三毛看了一眼荷西说：“也有例外。”

荷西问道：“那你要是嫁给我呢？”

三毛叹了口气说：“要是你的话只要有够吃饭的钱就够了。”

荷西问道：“那你吃的多吗？”

三毛小心地说道：“不多不多，以后还可以少吃点。”

事实证明他们的钱确实只够吃饭，幸好三毛的智慧与创造力并未在早年教育中泯灭，他们用自己的双手和艺术细胞将家徒四壁的新房变为兼具实用与艺术气息的沙漠“豪宅”。

表 6—1　财政状况与沙漠“豪宅”

	财务状况	沙漠“豪宅”
婚前	入不敷出	房屋简陋，风沙光临
		室内陈设简单：一张桌子、冰箱、煤气炉
婚后	收支平衡	房屋改造：修缮屋顶，粉刷墙面
		新增生活用具：洗衣机、收音机、DIY 沙发和床、车、电视机
		DIY 艺术饰品：书架、石像、印度风情花瓶、沙漠色窗帘

资料来源：笔者自制。

相濡以沫的爱情不是等着对方来制造浪漫与奇迹，自己仅作为享受者，而是二人共同创造属于自己的奇迹。三毛与荷西白手起家、共同装修新房的过程便足以诠释相互扶持才是最动人的爱情。

第二节　相互扶持与英法同盟的相似性

英法同盟的艰辛历程亦如美满婚姻的缔结，要经历政治环境、经济物质、飞来横祸等种种考验才能建立亲密无间的盟友关系，真正实现“白头偕老”。

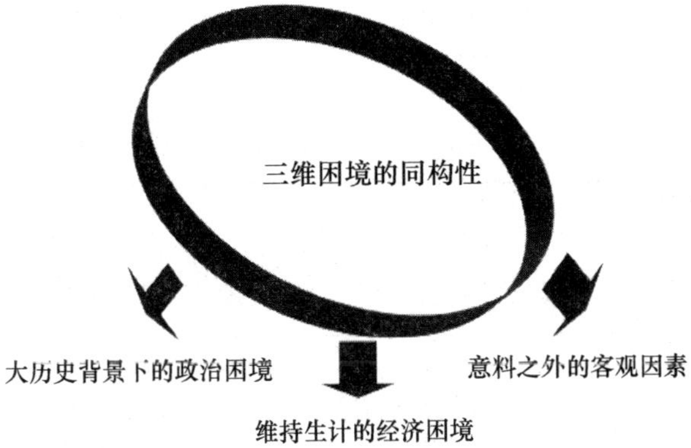

图 6—1　英法同盟三维困境的同构性

资料来源：笔者自制。

首先，每个时代的婚姻都带有当时国家政治背景的烙印，而国家作为国际社会中的行为体，其盟友关系亦因国际体系的变动而有所调整。其次，经济因素在一定程度上影响着婚姻的幸福度，国家之间的经济环境也会影响英法之间缔结盟友的进程。再次，现实生活中的意外因素可能会影响你迈入婚姻殿堂的步伐，而美苏争霸的国际格局则几乎打破了英法同盟。

一、前提——达成共识

无论是夫妻间在危难时期的相互扶持，还是国家在面临共同威胁时的结盟政策，都必须满足两个条件才能实现共患难的实质：一是客观的外部威胁；二是彼此达成共识，都愿意选择一起去面对困境，解决问题。夫妻之间大难临头，彼此最长情的告白莫过于“你若不离不弃，我必生死相依”，表白方说出相互扶持的意愿后，接收方愿意接受对方的提议，也愿意静默相守。类比到英法同盟，即大家彼此都认识到威胁的存在，结盟方提出结盟方案后，对方也欣然接受。

表 6—2　婚姻中的相互扶持与英法同盟的同构性

主体	前提：表达方式
婚姻	最长情的告白
英法同盟	彼此政府首脑促膝长谈

资料来源：笔者自制。

二、三维困境

（一）风云变幻的政治困境

三维困境是夫妻间的大难与英法困境类比的内容，风云变幻的大环境是检验夫妻间海誓山盟的试金石。“文化大革命”时期，有很多夫妇正如《霸王别姬》中段小楼与菊仙，政治环境让夫妻之间互相揭发，从情人变成仇人；但杨绛与钱钟书相濡以沫的婚姻支撑着彼此度过了被贴上“牛鬼蛇神”标签的日子，促使彼此之间更加惺惺相惜，成为文学界家喻户晓的伉俪。

表 6—3　婚姻中的相互扶持与英法同盟的同构性

主体	风云变幻	箪瓢屡空	节外生枝
婚姻	“文革”十年 胆战心惊的生活	经济拮据 无法维持生活	意外事故 无限推迟婚期
英法同盟	美苏争霸 国家失去安全感	经济衰微 无法维持财政平衡	外来阻隔 西欧联盟化为泡影

资料来源：笔者自制。

国际社会中的风云变幻更是检验真盟友与假盟友的试金石，冷战开始后，美苏对抗使欧洲大国英、法意识到苏联对欧洲的威胁，它们都十分担心苏联对东德的占领，是否暗含着如当初纳粹德国希特勒一样的政治野心，所以双方领导人都倾向于继续维持第二次世界大战后的友好同盟，并策划在此基础上更进一步。

（二）箪瓢屡空的经济困境

“贫贱夫妻百事哀”道出了另一个婚姻困境——财政收入，在这物欲横流的社会能够找到在困境中相濡以沫，彼此努力克服经济困难，共同改善生活的伴侣是何其幸运。如果有幸得之，定是真爱。

同样，英法国内的财政危机给国内造成了政治上的不稳定与社会的恐慌，虽有美国马歇尔计划的援助，但短期内的财政危机和煤炭危机主要取决于英法两国是否愿意取长补短，利用对方的优势弥补自身的不足，互相帮助，以解决彼此面临的财政危机。

（三）节外生枝的客观困境

不确定因素存在于英法同盟所构想的“宏伟计划”——在西欧联盟的故事中，当两国正积极准备实现宏伟计划时，两大霸主美国和苏联的干涉却将这一计划化为泡影。

三、相互扶持渡难关

面临三维困境，双方既然已达成共识，那么风雨兼程、步步为营地解决问题，才是正确的解除困境之道。

表 6—4　婚姻中的相互扶持与英法同盟的同构性

主体	相互扶持渡难关的表现形式
婚姻	商议与迁就
英法同盟	双方克服困难，彼此妥协谈判

资料来源：笔者自制。

前述的爱情故事在处理不同困境时都展现出彼此协商、互相迁就的特质。乱世婚姻中，杨绛和钱钟书之间的协商与彼此妥协，使二人熬过黑暗年代；跨国婚姻中，三毛与荷西在白手起家布置新房的协商与妥协中，将陋室变为沙漠中的“豪宅”。对比英法同盟，美苏的干预使得两国领导人不得不暂时搁浅宏伟计划，重新拟定合作条款，即《敦刻尔克条款》与《布鲁塞尔条约》，以共同应对外部大国的威胁。

四、结局

相濡以沫的爱情经过三维困境的考验，创造出属于各自波澜不惊、心生欢喜的浪漫结局。而英法同盟在经历过三维困境后最终签订了《敦刻尔克条约》，标志着两国正式结盟。并且在以后的历史中，双方在欧盟仍然维持着良好的盟友关系，再也没有出现“三十年战争”期间兵戎相见的场面。

表 6—5　婚姻中的相互扶持与英法同盟的同构性

主体	结局
相互扶持的婚姻	美满的 End
英法同盟	签订《敦刻尔克条约》

资料来源：笔者自制。

第三节　英法同盟

英法两国在一战之前是国际社会公认的“宿敌”，在历经116年（1337—1453年）的百年战争及殖民时期的七年战争后，两国积怨加深。但民族国家建立尤其是第一次世界大战之后，双方基于外部威胁与共同利益，逐渐开启破冰之旅。如果说第二次世界大战前，英法两国在欧洲地区还在为谁是欧洲的主导者而有嫌隙，那么二战两极格局的形成则彻底扭转了英法兵戎相见的局面。要想保持欧洲地区的独立性，两个欧洲大国必须化干戈为玉帛，由仇人转换为情人，共同应对三维困境。

一、双方领导人互访

二战后，法国为了维护自身的永久和平地位，需在遏制德国的问题上获得英国支持。戴高乐作为法国临时政府领导人，于1944年10月30日邀请英国首相丘吉尔访问法国，丘吉尔欣然接受并于11月10日如期抵达。丘吉尔作为外国政府首脑第一个访问巴黎，法国总理戴高乐为此举行了隆重的仪式。

在访问期间，戴高乐提出三点期望：（1）法国在平等条件下参加大国关于战后秩序的决策；（2）与美英共同占领并管制德国；（3）希望与英国建立同盟关系以防止苏联对欧洲的进一步侵蚀。对于戴高乐的提议，第二点是丘吉尔所不能接受的，一方面在于德国问题的决策将受美苏力量的影响，另一方面是基于英占区在德国地区的利益。虽然双方领导人并未就所有提议达成共识，但关于英法同盟的建议是符合英国利益的，丘吉尔在随后事态的发展中也倾向于建立英法同盟。正如其在回忆录中写道："一个强大的法国不仅对欧洲是重要的，对英国也是同样重要的，只有法国才能取消分布于海峡沿岸的发射场，并建立一支军队来遏制德国和苏联。"

二、英法同盟中的三维困境

英法之所以会结盟，既基于两极格局下苏联与美国所带来的政治压力，也与英法两国战后经济萎缩造成的财政赤字有关。双方都已认识到建立同盟关系是彼此的最优选择，两国在解决利凡特危机与德国共管问题之后，三党联合的法国政权摒弃前任总理戴高乐激情的民族主义，接受英国贝尔大臣所主张的宏伟计划——西欧联盟。此时，两大霸主苏联与美国却从中作梗，阻碍西欧联盟顺利实施。而英法由于战后实力下降，要想恢复各自的大国地位还有赖于美国的支持和苏联的信任，以便为国家的发展提供有利的环境。因此，两国不得不放弃宏伟计划——西欧联盟，转而仅仅追求双方在经济方面的合作。

（一）无政府状态下变幻莫测的国际格局

针对变幻莫测的国际环境，丘吉尔曾说"没有永远的朋友，也没有永远的敌人"，从而说明在无政府状态下的国际社会中"没有永远的强国，也没有永远的弱国"。17 世纪到 18 世纪，英、法作为欧洲大陆的中坚力量，不仅对欧洲地区产生了压倒性影响，其势力范围几乎波及全球，他们通过殖民地将各自的权威传导到非洲、南美洲、中东、亚洲、北美洲。

曾经盛极一时的日不落帝国和铁骑踏遍欧洲的法兰西帝国在二

战后已是明日黄花，其实力在决定卷入战争那一刻起，便已注定会江河日下。二战后，两国实力衰退与美苏实力上升形成鲜明对比，英法在国际社会中的自由活动空间以及对国际事务的话语权由此受到美苏霸权国的排挤。

法国由于在二战中处于劣势，二战刚开始便被纳粹德国占领战略主动权，失去诸多领土。二战胜利后，法国希望通过对德国的制裁，分裂和遏制德国，以保障法国的永久和平。但是对于德国占领与共管问题，法国已没有过多的话语权，而有赖于美苏两大霸主对自身的支持。为此，戴高乐总理上台不久便主动邀请丘吉尔、斯大林、罗斯福访问法国。美国总统罗斯福却以公务繁忙为由予以拒绝，因为美国此时的重点是美苏关系；苏联虽然接受并签订了条约，但却没有实质性的内容，斯大林并不打算支持法国；只有丘吉尔如期赴约，并在德国共管的问题上，为法国争取到 1/4 的占领区，同时帮助法国成为联合国成员。

二战后，苏联势力进入欧洲，柏林危机后，东德作为苏联嵌入欧洲的楔子，随时可能以此为据点展开对欧洲的扩张。德国的侵略行径也让欧洲各国担心德国东山再起之后会对欧洲造成威胁，而美国作为与英法意识形态相同的国家，以其强大的实力，必定会干预欧洲战后秩序的建立。英国对二战后的实力分布进行了详细分析后，其若想恢复传统的均势主义以维护本国安全，只能扶持法国，与法国建立同盟关系。1944 年英国外交部经过系统研究，认为建立西欧联盟只能以英法同盟为基石，原因有三：（1）法国可以分担战后遏制德国的负担；（2）如果战争再次爆发，可为英国提供防御；（3）通过掌握对西欧的领导权，提高英国在世界上的影响力。

（二）百废待兴的经济困境

二战后，西欧经济迅速衰退，加之1946年百年不遇的严寒，西欧燃料、粮食严重短缺，人民饥寒交迫，陷入严重的经济危机之中。1947年，法国居民每日口粮定量锐减为6英镑面包。英国也遭受了沉重的打击，有一半的工业瘫痪，加之酷寒天气的影响，英国的煤炭储量减少到400万吨以下，工厂关闭，牲畜大量死亡。1947年初失业人员超过200万，英国政府发布的《1947年经济概览》白皮书承认1946年英国财政赤字超过预计的3.28亿英镑，达到4.5亿英镑。财政状况日益恶化，英国政府曾考虑削减海外开支，实行严格的贸易控制。

1946年，法国在国际政治中的失利与国内政治的动荡导致国内经济形势异常严峻。二战期间，法国既是主战场，又被德国所占领，经济上蒙受了难以估量的损失。战争初期，一百万公顷的土地被破坏而不能耕种，剩余的土地由于缺乏劳动力、农具、肥料和资金，加之居高不下的通货膨胀，1945年底法国出现了严重的粮食危机，政府不得不实行定量配给制。1946年，法国外长皮杜尔与法国外交委员玛西格利、英国外长贝尔进行会晤，玛西格利告诉贝尔法国急需食品，他说："今年的三四月份可能是关键年份，由于干旱，马铃薯供应受到威胁，在法国只有不到4个月的食品供应。"他希望英国能够给法国提供10万—15万吨的小麦。

两国所面临的经济危机促使彼此开始考虑建立欧洲的贸易防务体系。为了更好地帮助彼此提高生活水平，贝尔认为需要与法国联合。法国总理勃鲁姆说："我个人确信缔结一个类似于法国、英国与苏联签订的条约是可行的，但这个条约不应涉及任何关于德国未来地位的问题，就德国问题，法国政府将会向英国和其他联盟政府提出具体的合理建议。”

（三）苏联干预的客观因素

英国驻法国大使达夫·库铂给外交大臣艾登写信，明确谈到英国与法国合作的必要性。他说，在二战后法国因对安全的寻求而转向苏联和美国，但均以失败告终，所以法国只能依靠英国。英国为建立有利于自身的战后秩序，需要再次保证法国的安全，为建立一个西欧安全体系奠定基础。库铂认为英法联盟会逐渐走向欧洲西部沿海国家，吸引地中海主要国家的加入，从而形成一个大联盟，并且这个联盟是如此的强大，以至于世界上没有哪个国家敢于向它挑战。库铂的信使艾登对此很感兴趣，他指示外交部经济重建负责人杰布进行研究，这引起了外交部的极大重视。1944 年夏天，外交部经过系统研究后提出，应该由英国领导建立一个西欧集团，但此提议因丘吉尔的强烈反对而暂时搁浅，丘吉尔只希望建立英法联盟，而不愿在英国无力承担责任与义务的情况下为西欧小国提供经济与安全保障。此外，由于戴高乐提出的条件过于苛刻，英法同盟并未取得实质性进展。直到戴高乐辞职，三党联合执政时期，此事才再次被提上日程。英国的贝尔极力主张建立以英法联盟为基础的西欧联盟，但此时由于苏联与美国的猜疑，这一计划化为泡影。

贝尔将西欧联盟由明处转向暗处，苏联早已有所察觉。贝尔为维持与苏联关系而主张的三国合作的外交政策已无法取得苏联的信任，具体表现为 1945 年底苏联媒体对于西欧联盟的猛烈攻击和反英宣传。

1946 年 1 月，联合国安理会召开会议，讨论伊朗政府控诉苏联干涉伊朗内政，要求安理会解决此问题。苏联怀疑此动议是英国煽动起来的，两天后苏联以控诉英国在希腊驻军相报复，同时乌克兰代表也抗议英国在印尼的军事介入，贝尔则支持伊朗政府，双方展开了激烈的争吵。对于苏联代表的做法，贝尔的私人秘书迪克森在日记中写道“几乎不再怀疑俄国企图毁灭英帝国”。

三、缔结同盟渡难关

在英法结盟的过程中，彼此之间利益的不协调以及美苏大国的干预，使得英法同盟走得异常艰难。但是外部威胁的逼迫，使得双方不得不在几近失望的边缘重回谈判桌。

首先，关于利凡特危机的解决，双方领导人进行了会晤。法国外长皮杜尔与贝尔在英国的契克斯（Chequers）进行了贝尔上台后的首次会晤，皮杜尔说：“法国准备从叙利亚和黎巴嫩撤退，我们的要求是法国应在文化事务方面被给予一个确定的地位，并以联合国的计划为基础寻求军事基地，最重要的是挽回法国在利凡特的颜面。”相应地，贝尔也表示愿意加强在此问题上的交流，并决定继续讨论两国在地中海所面临的问题。

其次，随着两国国内经济危机日益恶化，双方领导人都做出了妥协。再次上台的戴高乐修正了英法同盟的前提条件：英国应支持法国在利凡特享有特殊权益，同时在德国问题上达成一致意见；英国则建议双方都从利凡特撤军，不再争夺占有权。同时，对于德国问题，英国答应法国保障其享有德国 1/4 的管制区。

英国由于担心美国不再承担在欧洲抵制苏联的责任，因而放弃了以英法为核心的西欧联盟，只是期望建立与法国的同盟关系，以作为第三力量制衡苏联在西欧的扩张。

四、结局

英法双方经过十几天的谈判，于 1947 年 3 月 4 日签订了《敦刻尔克条约》，条约内容如下：

第一，缔约双方如任何一方的安全受到威胁，不管威胁是来自德国采取相应侵略还是旨在便利德国行为的政策，经彼此协商后并在相应的场合与负有对德国采取行动责任的国家协商后，将采取一致行动以制止这种威胁。

第二，倘若缔约一方再度卷入对德冲突，缔约另一方将尽力给予被卷入冲突的缔约一方以一切所有的军事和其他支援力量。

第三，如遇缔约任何一方因德国不履行投降书或任何继续解决办法所规定的经济义务而蒙受损失时，缔约双方将彼此协商，并在相应的场合与负有对德国采取行动责任的其他国家协商，以便采取一致行动来应对这种情况。

第四，注意到联合国其他成员的利益，缔约双方就有关影响它们经济关系的问题将通过不断协商，采取一切可能的步骤来促进两国的繁荣和经济安全，从而使它们在经济和社会发展方面做出更加突出的贡献。

参考文献

1. 吴学昭：《听杨绛谈往事》，三联出版社 2008 年版。

2. 三毛：《撒哈拉的故事》，哈尔滨出版社 2003 年版。

3. 张承中：《上苍选了你：全民女孩 selina 的地狱 90 天》，中国华侨出版社 2011 年版。

4. 马翠琴：“试论 1947 年英法同盟前英法外交政策”，《法治与社会》2008 年第 2 期。

5. 巩象忠："试析二战后期英国关于建立英法同盟的战略考虑"，《首都师范大学学报》2004 年第 1 期。

6. 王玖芳："英法军事同盟与法兰西第三共和国的覆灭"，《华中师范大学学报》1986 年第 6 期。

7. 袁明主编：《国际关系史》，北京大学出版社 2005 年版。

8. 王绳祖主编：《国际关系史》，法律出版社 1998 年版。

9. 方连庆、王炳元、刘金质主编：《国际关系史》，北京大学出版社 2001 年版。

第七章

闪婚闪离——苏德密约

“百年修得同船渡，千年修得共枕眠”的婚姻本是件很严肃的事情，可在当今社会，“闪婚闪离”这种快餐式的婚姻不断发生，甚至成为婚姻界的一股潮流。结婚双方在相对较短的时间内，从相识到迅速确立法律婚姻关系，再到迅速解除法律婚姻关系的“闪婚闪离”式婚姻潮，正在不断刷新当今人们对婚姻的认知。很多看似幸福美满的“闪婚”往往是以“闪离”收场的，婚姻保质期持续缩水，从“七年之痒”沦为“一年之痒”，甚至“几月之痒”“几日之痒”。

德国哲学家莱布尼茨曾说过“凡物莫不相异”，但这世界上的事物总有出奇的相似性。一家曝出的“闪婚闪离”的失败婚姻就能成为街坊邻里、好事之众私下刨根问底、谈论不已的焦点，而在互动如婚姻关系的国家外交中，“闪婚闪离”的国家间快餐式“婚姻”关系也不胜枚举。如果非要选择最典型的“闪婚闪离”国家间“婚史”来书写一章的话，那么“苏德密约”这段“闪婚闪离”的外交史一定能够成为最重量级的案例。

本章，我们将通过深究令人唏嘘不已的小家“闪婚闪离”婚姻，来解读令人哗然震惊的大国外交“苏德密约”。

第一节　闪婚闪离

一、闪婚闪离的定义

闪婚的大意就是如闪电般快速结婚。结婚双方从认识到结婚的时间相当短，一般在当今时代的青年男女身上见得多一些。与闪婚相对照，闪离就是闪电般快速结束刚建立不久的婚姻关系。闪婚闪离作为一种较为常见的现象，除了在还没有进入文明社会或者刚刚进入文明社会的部族里较为常见外，也就是在当今社会不那么鲜见了。

在未进入文明社会之前，人作为一种高级动物，出于动物的本能和繁衍后代的自然需要，可能是闪婚的，也可能是闪离的。不过，在蒙昧的时代，本无所谓婚与不婚，实际上也就无所谓闪婚闪离了。而在漫长的古代社会，婚姻大事不是青年男女自己可以做主的，是一定要经过“父母之命，媒妁之言”的，虽然有的青年男女到结婚当天才见第一面，这速度甚至超越了闪婚的速度——就成婚的两个人而言，其速度比当今社会的闪婚快多了，有种时光倒流的感觉——但那种情形里的快，与当今社会的闪婚有着本质的不同。那时的青年男女是没有自主择偶的权利的，在婚姻这件事上，他们甚至不是独立的主体，无法与今天闪婚的男女相提并论。因此，对于能与闪离对照的闪婚，本章讲述与分析的，仅限于当今时代这种较为常见的婚姻现象。

扑朔迷离型

2014年9月9日，L先生在自己的微博上晒出与妻子G女士的合影，宣布自己正式结束单身生活，即将踏入婚姻殿堂。

2015年6月25日，L先生在微博上首度承认与妻子G女士离婚。从微博宣布闪婚，到微博宣布闪离，仅227天，结婚不到一年便分手，令人唏嘘。

回顾两人这段短暂的感情：G女士是L先生的粉丝，两人于2009年相识，2012年确定恋情。2014年9月8日，L先生与G女士领证。9月9日，L先生通过微博独家公布了他和妻子的照片，宣布自己正式结束单身生活，即将踏入婚姻殿堂。2015年5月，网曝二人婚姻出现危机。6月25日，L先生微博宣布离婚。

L先生在微博自曝与G女士相恋4个月后结婚，现在因性格不合而结束这段为期9个月的婚姻，并称祝愿彼此。他本人也将两人昔日恩爱合影全部删除。

随后，二人离婚内幕屡次被扒，骗婚、出轨、婆媳不和等剧情轮番上演。二者扑朔迷离的闪婚闪离爱情故事轰动一时。

感情激荡型

W女士是典型的香港美女，2003年初，W女士邂逅了在美国大西洋赌城任职高层的钻石王老五W先生。W先生对W女士采取了猛烈的攻势，远在美国、事务繁忙的他每天一个越洋电话问候。

2003年9月12日，恰逢W女士生日。当时，她正在西藏拍戏，W先生辗转几十个小时赶来。见到W女士，W先生突然单腿跪下，从口袋里掏出一个精致的盒子，对W女士说："我爱你，嫁给我，好吗？"W女士有些犹豫。这时，W先生突然站起来，把车开到悬崖边说："如果你不答应我的求婚，我就连人带车冲下去。"W女士又是感动又是害怕，眼泪"哗"地一下掉下来，扑到W先生怀中，连声说："我愿意，我愿意……"W女士被彻底征服了。

2003年底，W先生和W女士在一个百花盛开的空中花园高调举行了盛大的婚礼。但好景不长，两人于1年零8个月后离婚。

表7—1　婚姻过程

相识 工作或偶遇
相恋 非常短暂
成婚 充满激情 光彩照人
蜜月 矛盾出现
不欢而散 矛盾无法解决

资料来源：笔者自制。

二、闪婚闪离过程

通过以上案例的简要展示，我们大概可以把以上当事人闪婚闪离的过程分为以下几个阶段：相识、相恋、成婚、蜜月、不欢而散。

三、闪婚闪离原因分析

闪婚不一定导致闪离，但是闪婚之后闪离的案例着实也不少。我们不禁要问，为什么会发生这种现象呢？这可以从当事人主观和客观两方面来探究其中的原因。

客观方面，当今社会已经比较宽容开放，对于闪电式离婚，人们也不过是在淡淡的惊讶之后很快忘却，少有人会异常看重，而闪婚更是不会被看作特别怪异之事了。

主观方面，大概有两类因素左右着当事人的行为和选择，即情感因素和理智因素。情感因素，诸如激情、虚荣等，最常见的是激情；理智因素，主要与物质性东西有关，比如金钱、权势，但权势对物质的支配作用决定了它与普通的纯粹激情类的情感因素有所不同。有些案例主要是情感因素起作用，有些主要是物质性因素起作用，有些则是二者合一。物质因素既可能是原因，也可能是条件。没有多少财富的人，是经不起几番闪婚闪离折腾的，而那些手中掌握巨额财富的人，诸如明星、企业家，却是有这个条件的。

如果说男女之间的闪婚闪离可能会是因为头脑发热、感情冲动的话，那么国与国之间的闪电结盟和闪电违约则完全是头脑冷静，精明盘算下的决择。

闪婚闪离是以快速结婚和快速离婚，即相恋不久即领结婚证，结婚不久又领离婚证为表现形式的。国家间关系中也有类似的形式，即快速缔约又快速毁约。在第一次世界大战结束到第二次世界大战开始的短短二十来年里，欧洲各国上演了一部部精彩的勾结和争夺的“闪婚闪离”。下面就让我们来看一下它们分别是如何演出那一场场跌宕起伏的勾结和争夺剧的吧。

第二节　苏德秘约

1918 年第一次世界大战结束后，欧洲列强为了在世界范围内争夺利益，在相互斗争又相互妥协的过程中，订立了一个又一个、一批又一批协议和公约。但是，与闪婚闪离的婚约相似，几个列强之间所定的条约和协议大多持续时间短暂，因为它们往往只是暂时形成了某种瓜分利益的格局或者暂时缓解了某些具体的矛盾，都未能从根本上解决相互之间的矛盾。各种条约订立不久即宣告失效或被直接撕毁，一直到第二次世界大战总爆发，一切基于一战结束时态势形成的条约绝大部分被废除或失效。本节将简要浏览一下那些年那些国家闪定闪毁的那些条约。

为了突出主题，本节以苏联和德国的关系为主要线索，以与苏联和德国有关的条约的签订为起点，贯穿对国际关系格局影响较大的几个条约的废立，并最终以苏德密约的订立与撕毁作为结尾。

一、苏德概况

表 7—2　苏德两国概况

	苏联	德国
经济	社会主义	资本主义
政治	社会主义国家	帝国主义国家
意识形态	列宁式的共产主义到斯大林式的共产主义	资本主义到纳粹主义
目标	通过世界革命实现共产主义	统治世界

资料来源：笔者自制。

苏联和德国这两个差异如此巨大、利益冲突又如此深刻的国家，是如何走向某种程度的合作，又如何发生严重冲突并走向战争的呢？就让我们看一看这两个国家在二战之前分别做了些什么、又是如何对峙的吧。

二、苏德密约过程

（一）患难中的牵手

一战结束后，苏维埃俄国和魏玛德国分别代替了沙俄帝国和德意志帝国。两国各自陷入了暂时的悲惨境地，都丧失了大片领土，都受到凡尔赛体系的排挤和打压。

苏德靠近

《凡尔赛和约》可能让德国损失了 13.5% 的领土，12.5%

的人口，所有的海外殖民地（包括德属东非、德属西南非、喀麦隆、多哥兰以及德属新几内亚），16%的煤产地及半数钢铁工业。

德国要想恢复因战败以及随之签订的凡尔赛合约剥夺的国家利益和国际声望，单单寻求西方列强的帮助近乎徒劳，因此不得不把目标转向东方，主要的对象便是苏俄。德国军方高层更是清醒地认识到他们“对协约国的地位只有通过逐渐利用与俄国的关系才能得以增强”。

一战结束后，俄国经过十月革命，建立了世界上第一个社会主义政权，继而粉碎了协约国的武装干涉，平定了国内叛乱，但是仍然处在敌视苏俄革命的帝国主义列强包围之中，苏俄领导人不得不把确保苏维埃政权的生存放到内外政策的优先考虑地位。对外，苏俄一开始采取武力反击和输出革命的策略，在受到西方势力的阻挠后，转而开始采取利用帝国主义各国间的矛盾，以打破封锁，改善自身安全环境，并利用西方列强的技术资金恢复自己经济的策略。

1920年苏波战争爆发，苏联红军赶走波兰军队，并攻入波兰境内。但当苏俄军队从华沙败退时，德国采取了对苏俄而言是善意的中立立场。

同年7月7日，苏德达成协议，给在柏林的科甫和在莫斯科的黑尔格一些外交权力，允许使用信使传递邮件以及行使一些领事职能。

1921年5月，苏德签订临时协定，承认根据该协定设立的领事和贸易使团是俄国在德国的唯一代表，德国因此实际上在法律上承认了苏俄政府。两国政府都同意不从事针对对方的煽动和宣传活动，并且准备着手解决妨碍两国贸易关系的难题。

同年12月，德国总理维尔特向苏联全权代表克列克廷斯基表达了恢复正常的全面外交关系的愿望，莫斯科表示接受。

1922年初，拉狄克作为苏维埃政治局特使赴柏林谈判。拉狄克第一次会晤维尔特时提出要统一在热那亚会议上的共同立场。

同年4月，热那亚会议在英国的倡议下召开，苏俄应邀参加，与英国未达成任何协议。随后，德国外长拉特瑙和苏俄外交人民委员契切林签订了《拉巴洛条约》，两国正式建立外交关系，相互放弃赔偿要求，在商业和国民待遇上相互给予最惠国待遇。

该条约的签订，对苏俄和德国都有很大益处。它打破了西方联合德国建立反苏阵线的企图，也使德国摆脱了外交孤立的局面，并且使得德国可以利用两国关系迫使西方做出让步。由此，苏德在患难中牵手，两国陆续展开了一系列恢复并加强双方关系的活动。

牵手中的隐患——《洛迦诺公约》

1925年10月，英、法、德、意、比、捷、波七国在瑞士洛迦诺签署了莱茵安全保障问题的《洛迦诺公约》。公约签订后，一时间西欧各国关系得到改善，德国在1926年获得成为国际联盟第六个常任会员国，盟军在1930年6月完全撤出德国西部的莱茵兰。公约保证德国与西部邻国的边界现状，改善了法、德关系，一定程度上稳定了欧洲局势。

《洛迦诺公约》实际上提高了德国在西欧的政治地位，也使得苏联进一步感受到自己的被孤立现状。20 世纪 30 年代初，苏联调整了对外关系策略，同波兰、芬兰、立陶宛和爱沙尼亚等邻国以及法国（1932 年）、意大利等西方国家签署了一系列互不侵犯条约。

《洛迦诺公约》为苏德关系的密切发展埋下了隐患。

（二）对魔鬼松散的合围

苏联防德的初步尝试——《东方洛迦诺公约》

1933 年 12 月，随着法西斯战争危险日益加剧，苏联政府于 28 日建议缔结一个建立在集体安全原则基础上共同防止德国侵略的区域性协定，即东方区域性公约。英国口头上表示支持，实际上却破坏欧洲集体安全体系的建立。法国认为保卫法国和防止法西斯危险，应依靠同波兰、捷克斯洛伐克等国家的同盟体系。在此背景下，苏、法共同主张签订一项集体反击侵略者的条约，以作为 1925 年《洛迦诺公约》的补充。1934 年 6 月底，两国拟订了《东方公约》的联合草案。草案提出签订两项相互联成一个体系的互助协定，即苏、德、波、捷以及波罗的海等国参加的互助公约和苏法互助公约，规定缔约国任何一国受到进攻时，其他缔约国应自动向遭受进攻的一方提供军事援助。

纳粹德国立即觉察到该公约会束缚自己的侵略活动，1934 年 9 月 10 日，德国政府声明拒绝缔约。接着，罗马尼亚、波兰拒绝参加，英国采取抵制立场，美国在欧洲的外交官包括驻苏大使也展开反对签署该公约的活动。10 月 9 日，法国外交部长巴尔都在马赛迎接南斯拉夫国王亚历山大时，两人同时遇刺。《东方公约》夭折。

苏联防德的再次尝试——《法苏互助条约》

《东方洛迦诺公约》虽然夭折，但苏联的外交努力却没有停止。1935 年 5 月 2 日，法国外长和苏联驻法全权代表波将金签署了《法苏互助条约》。该条约有这样几条重要内容：缔约一方遭到第三国直接进攻时，另一方应立即援助；在出现进攻的威胁时，两国应相互协商。不过该条约为条约的实施增设了繁琐的步骤和条件，比如双方事先必须既要与国联协商，又要与洛迦诺缔约国磋商，这样就降低了条约的实际效果。并且，条约没有实际的有关军事的条款，所谓的互助比较空洞而无实际意义。但条约的签订总算是给了苏法两国一颗“定心丸”。同年 5 月中旬，苏联和捷克斯洛伐克又签订了互助条约。该互助条约跟苏法互助条约类似，同样不具有太大的实际效力，而且被绑定在了苏法互助条约的基础上。其中第二条规定两国政府只有当法国向侵略的受害方提供援助时，才能实施互助。这一条虽然既符合捷克斯洛伐克维护自己的主权不受德国也不受苏联侵犯的利益要求，也符合苏联不想被拖入不符合自己利益的战争中的意图，但实际上降低了该互助条约的效力，等到 1938 年苏台德区危机出现时，条约的实际无效力便立即体现了出来。

（三）苏德的合约

1. 结束敌对宣传

1938年夏，苏联外交部长李维诺夫和德国驻苏大使舒伦堡达成协议，两国新闻媒体停止相互攻击彼此国家元首斯大林和希特勒。11月，该协定又扩大到降低两国媒体相互攻击的调门。

2. 恢复经贸联系

1938年12月22日，德国外交部经济司东欧处处长施努雷会见苏联驻德贸易代表斯科格罗夫，建议两国签订新的信贷协定。协定约定，德国两年内出口2亿德国马克的商品，以换回苏联同等价值的原料。

1939年1月5日，德国驻苏使馆经济参赞黑尔格再次向苏联驻德大使梅列卡诺夫建议，两国恢复前一年中断的关于2亿马克信贷的谈判。8日，苏联外贸人民委员米高扬表示同意恢复谈判，要求谈判在莫斯科举行。德国很快表示赞同。

3. 提升外交礼遇

1939年1月12日，希特勒在柏林新落成的帝国总理府为外交使团举办新年招待会，例外友好地接待了苏联驻德全权代表梅列卡诺夫，并与之进行了长时间的交谈。苏联最高领导层做出快速反应，责成有关人员于24日之前提交了依据德国信贷能订购的机床和其他类型设备的清单。

1月30日希特勒的演讲中已没有了攻击共产主义和苏联的内容，同一天斯大林在克里姆林宫为外国驻苏使节举行招待会时，同拉德国武官到一边进行友好谈话，同样引起在场人的震惊。

4. 苏德和解

1939 年，德国也感到英法同苏联的谈判可能导致对德国不利的局面，即如果英法与苏联谈判成功，德国将在未来的战争中陷入两线作战。因此，5 月 5 日，德国所有报社被指示停止攻击苏联和布尔什维克主义、停止发表一切对苏联的尖锐言论。第二天，德国外长和意大利外长相协商并在次日达成协议，决定将商讨与苏联改善关系的办法。

7 月 22 日，苏联《消息报》公布苏德贸易和信贷谈判已恢复的消息。

7 月 24 日，德国外交部经济司东欧处处长施努雷在柏林向苏联驻德临时代办阿斯塔霍夫提出改善德苏关系的三个步骤：完成贸易和贷款谈判；促进文化联系；进行政治谈判。

5. 苏德签约

1939 年 8 月 5 日，德国建议签署贸易协定时附加秘密议定书。

8 月 11 日，联共（布）中央政治局最终做出了可能优先考虑与德国谈判的决定。

8 月 13 日，德国同意在莫斯科与苏联举行谈判，并表示希望谈判尽早开始。

8 月 16 日，德国将互不侵犯条约的建议通知苏联，说“德国政府考虑满足苏联政府的愿望”。此时，德国计划进攻波兰的日期已经逼近，它急需拉住苏联。

8 月 19 日，苏德贸易协定在柏林签订，商定德国将在 5

年时间内向苏联提供2亿马克贷款在德国采购工业产品，其中有不少都是加强军事力量所必需的；苏联将向德国提供工业原料和食品用以偿还德国贷款。

8月21日，希特勒致电斯大林，建议他于第二天，最迟不超过23日接待德国外长里宾特洛甫。苏联同意里宾特洛甫23日到莫斯科签订互不侵犯条约。

8月23日，里宾特洛甫与苏联的谈判进展顺利，当天夜间两国达成《苏德互不侵犯条约》及秘密议定书。

8月24日，联共（布）中央政治局通过决议，决定召开最高苏维埃会议批准苏德条约。

《苏德互不侵犯条约》的主要内容为：（1）双方互不侵犯；（2）不向进攻缔约方的大国提供援助；（3）双方务必就涉及共同利益的问题交换情报；（4）双方不参加反对另一方的大国集团；（5）条约有效期为10年。

条约的签订满足了两国当时最迫切的需要，使两国各自暂时避免了在谋取自身利益上的障碍。对苏联而言，《苏德互不侵犯条约》的签订，不仅暂时缓冲了其与德国的矛盾，暂时缓解了两国直接面对的危机，还在一定程度上起到了分化法西斯集团的作用。条约签订后，日本谴责德国违反了《反共产国际协定》，日本政府向德国政府提出强烈抗议，并中断了同德国签订军事同盟的谈判，平沼内阁被迫辞职。这间接地从反面促成了1940年苏联和日本中立谈判及翌年《苏日中立条约》的签订，使得后来德日在欧亚两个战场各自为战，缺乏本来要达成的配合，给反法西斯同盟创造了有利条件。

（四）短暂的“蜜月期”

《苏德互不侵犯条约》和秘密议定书签订后，两国进行了多方面的短暂合作。

1. 德国入侵波兰

1939 年 9 月 1 日，德国借口遭受波兰挑衅，开始大举入侵波兰。

9 月 17 日，苏联在照会波兰驻苏大使时说：由于德国的军事行动，“波兰国家和政府实际上已不存在，因此波苏订立的协定已不再有效……苏联不能再对此事实持中立态度”；并且，由于波兰境内的乌克兰人和白罗斯人被遗弃，“因此苏联政府决定授权最高统帅部命令部队越境保护西乌克兰和白罗斯人民的生命财产安全”。苏联出兵后，苏德发表联合声明说：“苏德军队的目的是恢复因波兰国家的崩溃而走向毁灭的波兰的和平与秩序，帮助波兰人民重建政治上存在的条件。”

2. 关系升级

至此，苏德从 8 月底的“互不侵犯”关系已经提升为“友好”关系。苏联完全放弃了反法西斯立场，甚至把德国称为和平的维护者。

外交上，苏联与德国的傀儡斯洛伐克建立了大使级外交关系。

对外、对内宣传上，苏联在 10 月以后通过报刊、杂志、电影等多种渠道宣扬苏德人民的友谊。到了 11 月 30 日，斯大林甚至在《真理报》上发表声明说：“不是德国进攻英国和法国，而是法国和英国进攻德国，它们要为目前战争承担责任。”

军事上，苏联应德国的要求，让德国船只使用苏联港口，以让德国突破英国的海上封锁。两国瓜分波兰后，苏联将爱沙尼亚、拉脱维亚和立陶宛纳入自己的势力范围。

经济上，1940 年 2 月，两国达成了经济协定，规定苏联在 12 个月内向德国提供总额为 4.2 亿—4.3 亿马克的商品，德国则必须在 15 个月内向苏联提供同等数额的军事物资和工业设备。1941 年，苏德又签订了新的供货协定。据德国外贸统计数据显示，从 1940 年 1 月到 1941 年 6 月 22 日，苏联出口德国的货物总价值达 59790 万马克，德国对苏联的出口总额为 43710 万马克。

（五）闪电战到来

希特勒内心极度仇视布尔什维克主义，联合苏联一开始不过是权宜之计，苏联和德国很快在巴尔干半岛、黑海海峡都产生了激烈的矛盾。当大不列颠空战难以取得希特勒所期望的结果时，他便有意转移自己的战略进攻方向。而苏联既是他意识形态上的敌人，又在他试图往南欧扩张的过程中造成了极大障碍，成为他更进一步扩张的直接敌人。因此，他幻想一举消灭苏联，消除向南扩张的障碍，同时借以威慑英国，以逼迫英国接受他统治欧洲的现实。

1941 年 6 月 22 日拂晓，德国动用 190 个师、3500 辆坦克、5000 多架飞机，在从波罗地海到黑海的 1800 公里长的战线上，向苏联大举进攻。

三、对苏德密约的分析

（一）牵手有因

一战后，苏联与德国建立并发展外交关系，主要是基于各自面临的国际形势而采取的权宜之计，就长远而言，两者都不看好相互之间的友好关系。

德国受制于凡尔赛条约的框架，因而借助英法对其不同的利益诉求，同时利用西方各国与苏联的矛盾，试图充分倚靠与苏联的关系，以求得到在西方对付英法的筹码。

苏联也是为了冲破被孤立和包围的外交形势，利用与德国的关系，一方面拆散西方列强可能的同盟，另一方面也是利用与德国的关系获得与西方各国打交道的筹码。

（二）亲密有间

1933 年 1 月 30 日，德国总统兴登堡委任德国民族社会主义工人党头目希特勒组建新一届政府，希特勒从此开始在德国快速建立法西斯专制独裁统治。苏德在魏玛共和国时期得到一定程度缓和的关系开始蒙上阴影。

希特勒上台后，德国政府对内大肆镇压德国共产党的活动，对外奉行侵略扩张的政策。苏联尚未完成第一个五年计划（1928—1932 年），综合国力还不如德国，并且仍处在资本主义世界的包围之中，尚需提防英法与德国联合起来进攻苏联的可能。因此，苏联有意利用各帝国主义国家间的不合甚至矛盾，以寻求自身安全。

（三）密约有痕

吞并苏台德区、进而吞并整个捷克斯洛伐克，给德国带来不小的经济利益，增强了其战争机器的力量，也刺激了希特勒的扩张野心。但是，当德国要进一步牟取“生存空间”的时候，它就得考虑战争物资的来源。庞大的战争机器使得德国需要从苏联进口大量原料，因此德国的初步计划便是胜利结束西方战争之后，再“向东方进军”。1938 年底，戈培尔私下曾写道，德国的财政状况是“灾难性的”，德国必须“寻找新路”。同年 11 月，德国企业家、经济部门和外交部结成非官方的集团，表示赞同扩大与苏联的经济联系，德国需要暂时缓和与苏联关系的政策。1939 年 8 月 22 日苏德条约签订前，希特勒甚至告诉自己的高级将领说：“从 1938 年秋起，我就决定和斯大林交朋友了。”

苏联方面，慕尼黑会议后，德国帮助波兰侵占捷克斯洛伐克的特青地区，使得苏联看到德国与波兰合作、进而威胁自身安全的可能性，苏联红军总参谋部甚至起草了设想波兰和德国联军进攻苏联的防御计划。同时，德日缔结了反共产国际协定，苏联担心出现德日对自身两面夹击的局面。因此，苏联希望改善同德国的关系，进而得到德国先进的军工设备和技术以增强自身防御力量。

（四）蜜月暗斗

随着波兰的灭亡，《苏德互不侵犯条约》和秘密议定书需要修补，以适应新的形势。因此，苏德两国于 1939 年 9 月 27 日和 28 日进行了三次会谈，于 28 日签订《苏德边界友好条约》及相关秘密议定书。该《条约》确定了两国协调后在东欧的新分界线，并商定

“反对第三国对此进行干涉”。

但是，看似如此紧密的合作关系，背后完全是冷酷的较量和算计，每一个协议的达成背后都有着各种斗争和妥协。1940 年 12 月 18 日，希特勒就签发了巴巴罗莎计划，计划于 1941 年 5 月 15 日前做好进攻苏联的准备，此后对苏联的所有示好，都是为了达到进攻的突然性而释放的烟幕弹。而苏联方面，斯大林也从各种渠道获知了德国要进攻苏联的意图，他也知道苏德战争不可避免。

（五）闪婚闪离

具有讽刺意味的是，希特勒擅长闪电战，随着对苏联闪电战的开始，苏德之间闪电般结成的同盟也闪电般结束了。

第三节　闪婚闪离和苏德密约的相似性

表 7—3　婚姻中的闪婚、闪离与苏德密约的相似性

	闪婚闪离	密约
角色	男女	国家
过程	相识 相恋 成婚 蜜月 不欢而散	接触 往来 订约 交往 毁约
特点	激情或利益	利益

资料来源：笔者自制。

由上可知，苏德结盟表面上基于共同利益，但根本上却存在着冲突，两国无论是在主权、政治、经济、意识形态还是最终发展目标上，都存在着根本的冲突，只是在维护相互进行战争的国际格局时有着不得已的苟合之处，一旦各自利益扩展到近身之时，所有的矛盾立刻暴露了。因此，联盟的特点就是脆弱的、短暂的、必然很快会结束的。

与一时的激情而联姻的男女不同，与古代君主制社会里可能出现的“主一怒兴师”或“天子一怒兴师”也不同，近现代以来国与国之间建立外交或同盟关系少有一时激情的要素，更多的是冷酷的利益盘算之后的结果。二战初期的苏德同盟即是一个极好的例证。而国与国之间看似闪电式的分分合合，也充满了回环曲折的来来往往，其中唯一没有太多变化的，就是各个国家的统治者必定会优先考虑自己的战略和战术利益。从上文分析中我们不难看出，无论是个人婚姻还是国家关系，单纯的激情或者利益因素的连接常常是难以持久的。

拓展阅读①

2014 年 7 月 4 日，习近平主席访问韩国期间，在首尔大学演讲时引用并补充了隋代思想家王通的一段话：“以利相交，利尽则散；以势相交，势去则倾；惟以心相交，方成其久远。”

习主席也提出了推进中韩两国关系要做的四个重点方面：构建开放融合发展格局，共同打造利益共同体；倡导合作发展理念，在国际关系中践行正确义利观；妥善解决矛盾分歧，塑造和平稳定发

① 新华网：http：//news. xinhuanet. com/world/2014 -07/04/c_ 1111468087. htm。

展环境；加强人文交流，不断增进人民感情。

这其中的每一条，要么是积极努力谋求长远发展，要么是扫清长远发展的障碍，都是为全面、长远的合作发展而做出的努力。

第八章

威廉与玛丽的联姻外交

第一节　开场白

无数的少女想做公主，无数的少男想成为王子。童话告诉我们，王子骑着他的白马，遇到了他的公主，两人一见钟情，最后幸福地生活在城堡里。但现实果真如此吗？欧洲王室的王子们和公主们的婚姻会像童话一样动人吗？历史告诉我们，童话是美好的，现实是残酷的。婚姻已成为近代欧洲王室之间权力争夺、利益瓜分的一个工具，外交棋盘下的一颗棋子。在欧洲王室婚姻生活中，爱情很少成为结婚的理由，往往是政治、经济或宗教利益的结果，是联姻外交的副产品。威廉三世和玛丽二世的婚姻就充分显示了王室婚姻的特点。

第二节　信息介绍

一、时代特征

从1661年路易十四执政后，随着国家势力的迅速发展，欧陆大国法国谋求成为欧洲霸主，其与欧洲邻国的矛盾逐渐升级。欧洲各国，尤其是荷兰、英国，与法国之间围绕法国霸权问题衍生了一系列错综复杂的斗争与联合。这一时期，三国之间的关系成为欧洲国际关系的主要矛盾之一，并且对英国内政外交的发展造成了意义深远的影响。

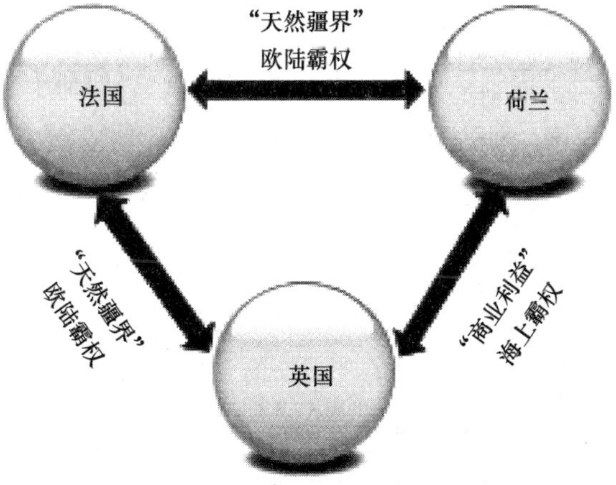

图8—1　17世纪西欧三强形势图

资料来源：笔者自制。

17 世纪后半叶，法国路易十四提出的“天然疆界”对欧洲国家关系造成了重大影响。受到这一局面的威胁，英国与荷兰出现了不同的回应。对英国来说，17 世纪上半叶，其外交抉择主要受到英国与荷兰两国商业冲突的影响，这一时期英国外交的基本立场是反对荷兰获得海上优势。而第三次英荷战争后，英国产生了反法与反荷两种观点。国内的政治斗争与法国“朕即国家”式的君主专制和天主教信仰密切交织，法国显然是英国的一个威胁，但是与荷兰争夺商业利益以及海上优势，对于英国这个商业主导的国家而言，则更为紧迫。由于国内政治的牵连，复辟王朝时期，英国的外交局势主要是亲法或“中立”的。

二、常识理论

联姻外交是指在国际交往中一个国家的统治者通过与其他国家的婚姻关系，联合盟国，斗争敌国，最大限度地维护和扩大国家利益的一种外交手段。联姻外交在中世纪和近代欧洲的国际关系中，成为被广泛运用的外交方式。但并非这一时代所有国家之间的联姻都具有外交性质，只有这种婚姻关系被运用为外交策略时，才会被称为联姻外交。

联姻外交的起源可追溯到奴隶社会，发展顶峰为中世纪时期，曾有人称中世纪是联姻外交的“黄金时期”。但随着资本主义与民族国家的形成与发展，进入近代社会后，联姻外交在国际关系舞台上逐渐淡出，最终退出了历史的舞台。

作为特定历史时期运用过的一种外交策略，联姻外交具备以下几个特点：

（1）联姻外交双方的结合本质上是两个政治单位的联合，婚姻关系的双方都是王室权力集团成员。与平民百姓婚姻不同的是，联姻外交只关注他们的结合所产生的新兴政治势力可以为双方带来什么利益。

中世纪时期，宗教对于欧洲国际政治的发展有着重要影响，宗教信仰不同的王室之间难以进行政治婚姻联合。这一时期的王室联姻都不可避免地带有宗教色彩，西班牙菲利普二世就是个证明，他的四任联姻对象均局限于天主教国家。虽然出于国家利益的考量，他曾经图谋向伊丽莎白女王——一位信仰英国国教的统治者求婚，但最终还是被伊丽莎白拒绝了。

（3）与中国封建制社会的“和亲”政策不完全相同，欧洲王室联姻外交并不是“和平外交”的代名词。王室联姻的目的不完全是为了建立睦邻友好关系，相反，有时它也是战争的助推器。

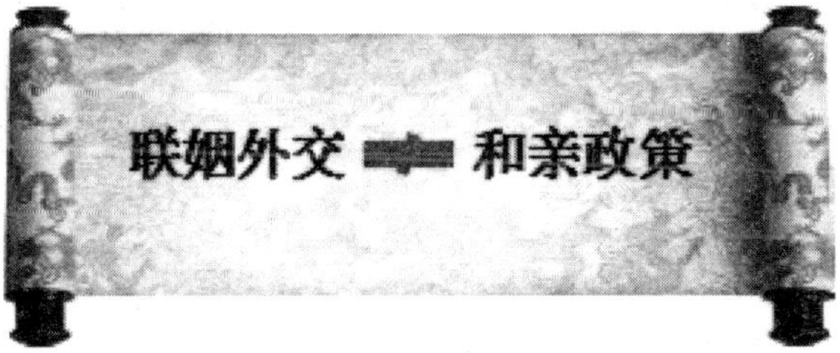

图 8—2 联姻外交与和亲政策的关系

资料来源：笔者自制。

一些国王会把王室联姻视作兼并领土、充实国库、扩张权力等战略利益的重要手段。菲利普二世的联姻在这一方面表现得最为显著。

（4）联姻外交对于国家关系的影响往往时间短暂且稳定性差。

通常，联姻双方中的一方死亡，由姻亲关系建立的国家同盟就会随之解散。而且，领土、经济以及王位继承等问题也会影响联姻双方的关系，即使双方都健在，他们的关系也会随着这些因素的变化而变化。欧洲历史上有很多因王室联姻而建立的姻亲同盟，可是它们都不具备永久性。联姻外交的不稳定性也是造成中世纪欧洲国际关系复杂、混乱的重要原因之一。

第三节　好戏上映

一、开端

法荷战争（1672—1678 年）之前，法国进行了全面的外交准备，但是其一路长驱直入、直抵阿姆斯特丹城门的形势使得欧洲各国从观望转变为震惊和恐惧，唇亡齿寒的顾虑促使它们纷纷脱离法国的外交罗网而加盟荷兰。由于英国退出战争，法国的攻势失去呼应，战局出现了不利于法国的迹象。

这时，英国国王查理二世出面进行斡旋，建议法荷举行和平谈判。查理二世充当调停者有其用心：在议会迫使查理退出法荷战争后，英国的反法情绪仍然很强烈，查理希望通过调停来平息这种情绪；查理二世并没有放弃内部亲法政策，私下里他仍与法国国王路易十四保持联系，试图通过调解向路易十四讨价还价，因为此时法国人征服荷兰毫无希望，而是希望在谈判中多谋取些土地。但是，对于查理调停的目的，奥兰治·威廉深表怀疑，同时他也不愿战争就此结束——一则因为法国提出谈判分别进行，以取得有力的谈判条件，但威廉不愿见疑于盟友；二则威廉希望通过战争巩固自己的地位，在谈判中掌握主动权，所以他对查理的建议并不热心。就在查理感到一筹莫展之际，首席大臣阿灵顿献上一计：将王弟约克公爵的长女玛丽嫁给奥兰治·威廉，通过联姻将荷兰置于英国的影响之下。

威廉是查理一世的外孙，具有在约克公爵女儿之后对英国王位的继承权，如果他和玛丽结婚，就将使他和斯图亚特王朝的关系更加密切。但威廉察觉到联姻的建议是一个圈套，婉言拒绝了阿灵顿的提议。然而到了1677年，形势发生了变化，由于战争对经济的严重破坏和给人民带来的沉重负担，荷兰出现了强大的和平势头。威廉与其密友英国大使坦普尔曾进行过一次重要谈话，谈到联姻可能遭到荷兰以及他在英国的朋友们的反对，他们会担心他“完全落入英国宫廷的安排和计划之中”。坦普尔回答说，在政治方面，更有可能的是威廉对英国宫廷的影响比英国宫廷对他的影响要大。威廉深受这种估计的鼓舞，同时深知，必须建立欧洲均势以遏制法国的扩张，而没有英国人的积极支持，均势体系恐成为画饼。于是，1677年10月，威廉前往伦敦，于11月4日与玛丽订婚。

1677年11月4日，在圣公会大主教亨利·康普顿（注：亨利·康普顿在1688年联署邀请威廉三世，前往英国发动光荣革命）的主持下，含泪的玛丽在英国伦敦的圣詹姆士宫殿与威廉正式结为夫妻。11月下旬，玛丽跟随丈夫在波涛汹涌的大海上乘船驶向荷兰，但是恶劣的天气以及危险的海面行驶情况导致他们的旅行延长了两个星期。在前往海牙的途中，由于冰雪覆盖了鹿特丹，他们难以继续行驶，被迫停留在一个名为泰尔·海德的小村庄。等待几天后，他们终于穿越寒冷的小村庄，与迎接他们的使团队伍相遇，并且在使团的护送下，最终到达行程的目的地——荷兰众议院。12 月 14 日，在一场声势浩大的迎接典礼中，他们正式进入海牙，展开了奥兰治亲王夫妇的荷兰统治生涯。

二、发展

1689 年 1 月，奥兰治亲王威廉召开临时议会，讨论在废黜詹姆士二世以及七世后应采取的行动。议会上的分歧呈现两派。以丹比勋爵为代表的托利党认为，虽然荷兰人威廉拥有部分英国王室血统，但并非合法的顺位继承人。所以托利党主张，玛丽依循王家惯例成为唯一的女王，而威廉三世则不能为国王，只可以王夫身份摄政。而以辉格党为主的威廉支持者则坚持认为，丈夫不应该向妻子俯首称臣，威廉应该凭借响亮的国王称号统治英国，而不是通过虚弱的王夫头衔去摄政。因为玛丽不希望成为唯一的女王，并相信妇女应该“让丈夫出面并顺从丈夫”，所以她坚持让威廉加冕为共治的国王。玛丽说：“我认为我的使命并不是去主导王国的政务，而且我希望有一个宁静的主妇生活。”在玛丽的执意要求以及威廉的荷兰军队充当后盾的情况下，临时议会最终认可了威廉为共治的英伦国王。

1689 年 2 月 13 日，《权利法案》获议会通过。该法案将 1688 年 12 月 11 日出逃的詹姆斯二世视为自动退位，王位因此随之空缺。议会宣布王位由玛丽与威廉（而不是詹姆斯刚出生的幼子詹姆斯·爱德华）共同继承，玛丽与威廉将成为共享统治权的共治君王。这就是历史学家长期称颂的“光荣革命”，对英国而言，这一事件标志着由 1640 年大革命引起的阵痛的结束，意味着世界上第一个长期稳定的君主立宪制国家建立了。威廉三世成为“英国国王兼荷兰执政”，这是英荷两国在历史上唯一一次由同一位统治者管理，形成共主邦联的局面。在此事件前，英伦王室夫妻共治的先例仅有一个，还是16世纪中期玛丽一世与西班牙费利佩的联姻，议会同意费利佩拥有英王的名号，但该头衔只限于其妻子玛丽一世在世期间，并且对他的权力进行全面限制，从而避免费利佩为了西班牙的利益而做出有损英格兰的事。不过，与西班牙费利佩的待遇完全不同，威廉三世的王位不但可以延续到妻子女王逝世后，而且议会更同意“奥兰治亲王将以国王与王后的共同名义，行使唯一且全面的最高权力”。后来，《权利法案》进一步扩大，不仅废黜了除去安妮公主之外的詹姆斯后代王位继承权，并且排除了所有天主教徒的王位继承权，法案颁布的依据是“基于历史经验，被宗教控制的君王不可避免地会危害这个新教王国的安全与幸福”。

1689年4月11日，伦敦主教亨利·康普顿在西敏寺为玛丽和威廉共同加冕。按照过往的惯例，应该是坎特伯里大主教为他们加冕，但坎特伯里大主教威廉·萨克罗夫特当时虽然反对天主教的詹姆斯二世，却也拒绝接受废黜詹姆斯二世国王身份的行为，因而玛丽和威廉的加冕仪式由伦敦主教代替执行。不过，玛丽认为这场王位加冕礼“非常奢侈”，威廉也贬低其为“天主教式的”，他们并不喜欢这场仪式。这一天，苏格兰议会终于宣布詹姆斯不再是苏格兰国王，之前对于加冕问题，苏格兰一直是意见分歧、争吵不断，并且认为“没有天主教徒可以在苏格兰领土做国王或女王”。威廉和玛丽将作为苏格兰的共治君主，威廉也将行使唯一且全面的最高权力，于是他们正式接受了苏格兰王冠。

虽然在英格兰的革命没有流血，但很多爱尔兰人与苏格兰人却因封建法规而效忠詹姆斯二世，所以反抗威廉取得王位。两地由此发生了很多武装反抗事件，这使得威廉不得不在1689—1690年征讨两地，造成了许多流血冲突。虽然威廉成功地平定了两地的反抗，但却在都信仰天主教的北苏格兰与南爱尔兰却产生了极为负面的影响，其中最为典型的事件是发生在 1692 年苏格兰高地的伦科大屠杀。因为来不及向威廉和玛丽宣誓效忠，当地的麦当劳氏族在招待了军队数天吃住后，毫无防备地被威廉的军队痛下杀手。虽然威廉只是传令处死未效忠的氏族领袖，并没有交待要屠杀村庄，也不清楚事件的具体细节，但苏格兰高地居民仍认为威廉要负最大的间接责任，因而把新任的威廉君主视为残酷且暴虐的屠夫。总而言之，光荣革命的主要成就，实际上是英格兰掌握了不列颠群岛的霸权，并且建立了“议会寡头”式的中央集权政府。

然而，即使在英格兰，一股同情詹姆斯二世的强大浪潮也在革命后迅速兴起。其中的激进者被称为詹姆士党，他们主张君权神授原则，反对玛丽与威廉的王位“篡夺”。詹姆士党在英国各地鼓动舆论并筹谋行动，试图恢复詹姆斯二世的王位。庆幸的是，威廉在革命时期从荷兰带回了约翰·洛克——一位大名鼎鼎的英国哲学家。作为威廉的核心秘书，洛克在 1689 年后发表了修订过的《政府论》，使民众摆脱了对于君权神授的迷信，大力捍卫了“光荣革命”，并且提出了人民推翻社会的社会契约理论，最终从思想舆论角度确立了威廉的地位。

三、高潮

英国在“光荣革命”后建立起君主政体，最高权力由国王手中移交给一些贵族。但《权利法案》以及随后一系列的附带法案均没有对议会是否在外交领域享有权力做出直接规定。因此在威廉时期，外交是国王的一项特权，国家外交总体上仍被国王支配，威廉就是英国的外交大臣，这也意味着威廉能将个人的施政偏好运用在国家整体的外交政策中。威廉一人左右外交，只是在末期受到议会的谴责。1702 年 3 月 10 日，威廉逝世后，其外交政策仍然被英国的政治家们继续沿用，并且在西班牙王位继承战争中进一步被发扬光大。威廉将近二十年的外交实践为英国外交局面带来了不可忽视的影响，用吉布斯的话说，“这一外交时期，确定的与法国的敌对关系以及在欧洲大陆国际形势中军事参与的立场，在之后的一百年内基本上没有变化，其影响意义深远、时间持久，足以构成一次英国的外交革命，可以与国内宪政体制变革相对应”。

威廉很小就参与到荷兰的外交事务中，并在英、法两面为敌的背景下长大。通过持续与英、法两国斡旋谈判，威廉在这一过程中积累了丰富的外交经验，并且真正体会到对于荷兰来说，国家安全是最重要的，即遏制法国势力，而英国应该成为荷兰对抗法国的主要盟友。“光荣革命”促使威廉成为英国国王，这标志着英国在反法国、反荷兰两派中做出了抉择，并进一步推动了“光荣革命”的发展。威廉登上英国王位后，立即使英荷两国缔结了同盟条约。他为了发动英国势力去攻打法国，同时协调英、荷两国的利益分配，在无形中扩展了英国的利益。

具有巨大讽刺意味的是，英国最初因嫉妒荷兰的富裕而发动了三次英荷战争，结果在战场上多次输给荷兰，最后却因为荷兰人威廉三世的统治以及荷兰贷款的资助，成为赶超荷兰的贸易强权与海上霸主。英荷同盟持续了将近 90 年，后来逐渐流于形式，1780 年爆发第四次英荷战争后，荷兰被英国彻底击败，将仅剩的金融霸权也拱手让给了英国。

“光荣革命”后的英国随即也加入了反对法国的九年战争中，即奥格斯堡同盟战争。当然，并非是威廉使英国与法国为敌的，事实上，英国与法国的敌对是必然趋势，只要通览 18 世纪的英法关系就可以一目了然。“他（威廉）不能独自建立英国持久的对法国波旁的怀疑与敌对”，“但宣称自己是上帝指派去抵抗路易十四的奥伦治，从而要捍卫欧洲自由的奥伦治”，威廉的作用在于以英国国王的身份让英、法之间本已存在但尚未激化的矛盾提前来临，并提升了荷兰对法国敌视的程度，从而使英国站在坚决反对法国的立场上。

九年战争结束后，英国在外交立场上出现动摇。这一次，威廉采取各种办法、利用各种机会改变英国的外交立场。战后，英国的孤立主义与和平主义开始上涨。对此，威廉三世认为不能放松对法国的警惕，尤其是西班牙王位继承问题酝酿了下一场战争的爆发。为此，威廉与路易分别在 1698 年 10 月和 1700 年 3 月签订了两次瓜分西班牙帝国的条约，规定法国不继承西班牙王位，代价是将英国的西西里和那不勒斯割让给法国，以确保法国在地中海的优势。两次条约均是由威廉三世与他的荷兰亲信大臣波特兰德等人代表英国签订的。英国大臣和议会没有参与条约的签订，导致了“瓜分条约危机”。

1701 年 2 月，议会召开会议，开始谴责威廉的外交政策和条约出台的方式，此时又传来路易十四宣布其孙继承西班牙王位的消息，议会对此表示默认。在议会看来，这种做法比威廉的瓜分条约更能确保和平，对英国的贸易也更有利，英国没有交出任何重要的领土给法国，菲利普随后会成为西班牙人，也不会改变西班牙的政策。因而，下院的态度是，“更想要和平而不是准备另一场战争”，显然议会不想继续威廉的反法政策了。但到了 6 月，议会的态度开始转向支持威廉，希望国王能够代表英国和荷兰两国制衡法国的过度扩张，“维持欧洲的和平”。短短 4 个月，议会的态度发生了重大变化，这与威廉的作用密不可分。

对威廉来说，法国的一举一动都让他感到不安。此时，路易在宣布继承王位后，派兵进入尼德兰地区，驱逐了荷兰在此的兵力，并相继占领了安特卫普、蒙斯以及那慕尔等地，“所有这些是奥格斯堡同盟打了 9 年的结果，但被路易在短短几周就重新占领了”。威廉迫切希望议会能够转变立场，而此时正值议会全面谴责两次瓜分条约之际，威廉不得不以极大的耐心处理与议会的关系。一方面，他一直隐藏着自己的态度，表现出承认法国继承西班牙王位的事实；另一方面又不断地告诉议会在与路易十四交涉时法国傲慢和挑衅的言辞，从而起到潜移默化的作用。议会谴责与两次瓜分条约有关的大臣，并弹劾了荷兰大臣，威廉没有反对，表示默认；议会要求知晓所有相关的外交条约，威廉也表示同意，而在此之前议会是没有要求参阅国家外交条约的权力和义务的。

除了对议会做出让步以换取议会的支持外，威廉还不断地给议会施加压力。他先是伪造了一封法国打算再次入侵英格兰的信，这开始让英国意识到自己并不安全。紧接着，到了 1701 年 4 月 29 日，来自肯特的乡绅、治安法官、陪审团成员以及自由农在美斯顿集会，并将其请愿书递交到下院，这被认为是代表“人民之声”的请愿要求尽早给予国王支持以协助盟国。丹尼尔·笛福在此基础上撰写了大众请愿书，指出“这是成千上万的有良知的英格兰人的声音”，并于 5 月 14 日递交下院，其内容就是对议会不顾法国威胁的谴责，并在结尾处发出让路易放弃佛兰德斯，让英王向法国宣战的请求。

这时议会的态度已经发生动摇，下院支持反法的议员越来越多，紧接着路易承认“老僭位者”为詹姆士三世，此事最终促成议会站在了威廉一边。可以说，威廉又一次利用英法之间的矛盾，在扭转议会的态度上发挥了重大作用。这样，当这位荷兰执政者于1702年3月10日去世时，“他已经知道了英国将会继续自己的事业”，议会则在次日即向安妮表示“支持女王的继位，保持女王的结盟”，将反法战争继续推进。“从这一刻起，英国将会卷入与法国的另一场百年战争，在拿破仑战争时期达到顶峰”，而这“第二次百年战争”则是通过与欧陆国家结盟的方式推进的，这是威廉带给英国的第二个改变。

四、尾声

威廉临终前，为防止法国和西班牙合并，联合奥地利、普鲁士、汉诺威等国家，重组大同盟并发动西班牙王位继承战争（1701—1714年）。威廉在位前期，国王夫妇与投机取巧的英军大将约翰·丘吉尔发生矛盾，威廉私下里气愤地说：“如果我不是国王，我一定会跟他（丘吉尔）一对一地决斗，至死方休”。玛丽更怀疑丘吉尔与废王詹姆斯二世勾结复辟，于1692年下令免除约翰·丘吉尔的所有职位。丘吉尔与两位君王的冲突导致英国的政局动荡（丘吉尔的靠山是安妮公主，安妮与姐姐玛丽的激烈冲突促成了丘吉尔的免职）。玛丽死后，威廉在晚年与丘吉尔正式和解（1698年），并任命马尔伯勒伯爵为英荷陆军的反法主帅（1701年）。威廉死后，马尔伯勒把军事天才发挥得淋漓尽致，在西班牙王位继承战争中成为路易十四的克星，摧毁了其霸权与野心。

第四节　好戏点评

威廉三世和玛丽二世的联姻可以说是查理二世处理英荷、英法关系，争取英国利益的外交手段。

英国外交政策的导向与实践，让英国在欧洲国际关系舞台上的角色不再是重要还是不重要的问题，而是有多么重要的问题；也不再是干预还是不干预的问题，而是干预多少的问题。当法国的领土面积与军事力量扩张会威胁到荷兰或汉诺威时，英国就会在欧洲大陆局势中发挥重要作用，若情况所需，还会直接动用军事力量参与到欧陆冲突中，但是其同时必然会追求自身的海上殖民利益。英国参与到的欧洲大陆事务，其规模有时非常巨大且意义具有决定性，但这与其孤立主义立场也是相互交织的。欧洲大陆国家不可忽视英国的力量，但英国却能将其降低到次要位置，这就是英国成为帝国的部分解释，它是在漫长的18世纪逐渐建立起来的，其源头可追溯到威廉三世开始的改变。

第五节　好戏再现

一、伊丽莎白一世的联姻外交

伊丽莎白即位以后，她的王位以及英国巨大的经济利益，吸引着许多国外王公大臣前来求婚。从一开始，伊丽莎白就为自己的婚姻定了一个基调："在任何时候，只要上帝愿意要我结婚，我会选择一个与我一样兢兢业业献身王国的人。"可见，伊丽莎白清醒地认识到她的婚姻是为政治服务的。

之前的统治者女王"血腥的玛丽"和西班牙国王菲利普二世的联姻，致使英国参与到西班牙的对法战争中，英国失去了在大陆的最后一个据点——加莱。除此之外，早在亨利八世统治时期，为了应付旷日持久的欧洲战争，国王不惜贩卖土地，降低货币的成色，从而造成国内通货膨胀。当爱德华六世执政时，货币贬值愈发严重，国家财政已经出现捉襟见肘的情况。玛丽一世时期的对法战争更是让英国的财政困境雪上加霜。

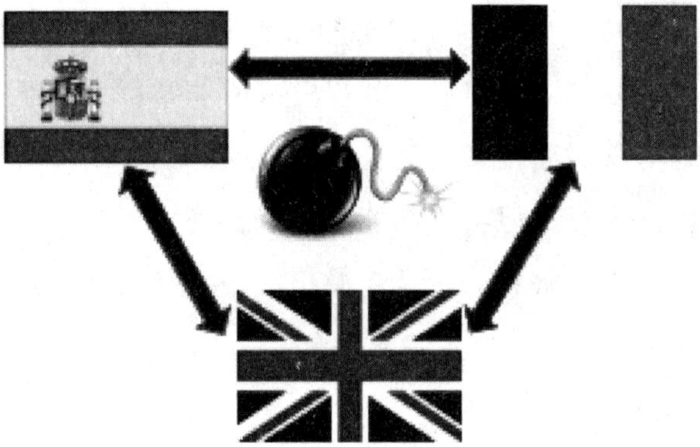

图 8—3　16 世纪后期欧洲国际关系主要矛盾

资料来源：笔者自制。

伊丽莎白一世即位之初，不仅国内形势严峻，国际环境同样对英国不利。当时欧洲大陆上强大的西班牙和法国成为英国外交压力的主要来源。如何协调与海上强国西班牙和大陆宿敌法国间的关系，以获得一个和平的外部环境来发展本国经济、军事，成为其主要的外交目标。鉴于此，伊丽莎白采取了明智的抉择，毅然放弃传统的欧洲外交模式，转向实现均势的外交政策，其中伊丽莎白的婚姻成为外交政策的一个重要筹码，这就是伊丽莎白一世时期的联姻外交。

二、联西抑法

（一）伊丽莎白与腓力二世

伊丽莎白即位后，法、西、英代表在卡托—康布雷锡开始就加莱归属问题进行谈判。伊丽莎白希望以与西班牙国王腓力二世的婚姻作为外交筹码，最大限度地维持英西友谊和英国利益，争取西班牙的支持来收复加莱。伊丽莎白也给过腓力一些幻想——她会与其或其子结婚，如伊丽莎白曾表示，“她必须和她的议会商量，但腓力可以相信，如果她要结婚的话，她就愿意挑选他”。

因此，在卡托—康布雷锡谈判中，伊丽莎白利用腓力二世，在最终签定的卡托—康布雷锡和约中最大限度地保全了英国的利益。此外，与腓力二世的联姻关系也帮助伊丽莎白重建了英国国教，有力地对抗了罗马教廷的打压。然而，策略毕竟只是策略，伊丽莎白自始至终都没有与腓力结婚的念头，只是想借助西班牙的力量来打击法国和国内的天主教势力。所以，当伊丽莎白最终无法再拖延搪塞的时候，她借口宗教信仰不同，宣称不能与他结婚，断然拒绝了腓力二世的联姻要求。

（二）伊丽莎白与查理大公

继西班牙腓力二世求婚之后，神圣罗马帝国也向伊丽莎白抛出了“绣球”。而与神圣罗马帝国联姻，也是维持英西关系的一个良策，因为西班牙与神圣罗马帝国有着源远流长的关系。1519 年，西班牙国王查理一世当选为神圣罗马帝国皇帝，称查理五世，同时统治神圣罗马帝国和西班牙。查理死后，帝国的皇位转归其弟费迪南，而西班牙的王位及在尼德兰、意大利和南美的领地落入其子腓力二世之手，叔侄之间关系仍然密切。伊丽莎白认为，与查理大公的婚姻，将有助于维持英西间的友好关系。

与查理大公的婚姻谈判可以分为三个阶段。1559—1560 年是第一个阶段。1559 年 5 月，在经过宗教信仰差异调查且确认宗教信仰不存在问题之后，费迪南派遣使节向伊丽莎白正式提出婚姻请求。但由于这一阶段英国的国内外环境相对稳定，伊丽莎白并没有认真考虑这一建议，但同时，伊丽莎白还是将使节留在英国长达 7 个月。而每当使节（布鲁纳）显示出焦虑情绪时，伊丽莎白就会使出一些小伎俩激活布鲁纳的信心。可想而知，几个月后，这场婚姻谈判以失败而告终，婚姻谈判的第一阶段也随之告一段落。在 1563 年，婚姻谈判进入第二阶段。从这年起，这桩婚姻受到国内大臣的重视和支持，于是两国又继续进行谈判。从这一阶段开始，婚姻的主要推动力来自英国内部，但此时两国就各自的宗教信仰产生了分歧，并各执己见。马克西米连坚持查理及其家眷应被允许“自由的宗教活动”，而一向对宗教淡漠的伊丽莎白则坚持“任何人都不允许公开或私下举行与国家的法律相违背的宗教仪式”。二者就宗教分歧展开了拉锯战，最后在 1565 年，马克西米连放弃了这一婚姻，第二阶段至此结束。至此，神圣罗马帝国对这桩婚姻已经失去了兴趣，但是伊丽莎白却积极起来。从 1566 年开始，伊丽莎白开启了第三阶段的谈判。这一时期，伊丽莎白派遣特使出使奥地利，努力促使婚姻谈判，最后双方于 1567 年 10 月就宗教问题达成妥协，这桩婚姻似乎可以圆满达成了，但是天意弄人，伊丽莎白还是拒绝了。1567 年 12 月，伊丽莎白写给特使的一封信宣告了婚姻谈判的彻底结束。

而伊丽莎白于 1567 年结束谈判，是因为国外形势发生了急剧的变化——尼德兰爆发了资产阶级革命，伊丽莎白不得不转变外交策略。从此，伊丽莎白的联姻外交就由联西抑法转向了联法制西。

三、联法抑西

（一）伊丽莎白与安茹公爵

伊丽莎白以个人婚姻问题为筹码来联合法国共同对抗西班牙，而其第一个联姻对象，就是法国的安茹公爵。1569 年 8 月，伊丽莎白一改之前对待与安茹公爵联姻的冷淡态度，明确表示，她欢迎与法国王室联姻。伊丽莎白这一做法得到英国王室诸多大臣的支持。从 1570 年开始，英法就伊丽莎白与安茹公爵的婚姻进行谈判，但是最终因为宗教信仰方面存在着不可调和的矛盾，谈判陷入僵局——这是伊丽莎白在联姻外交方面一贯使用的伎俩，极力强调自身本不重视的宗教信仰，以此来拖延谈判时间，而其最终目的也会顺利达到。最终的结果是，虽然英法间的联姻结盟没有达成，但是两国间的联合却以布鲁瓦条约的签订而长期维持了下来。

（二）伊丽莎白与阿朗松公爵

尼德兰革命爆发之后，法国的阿朗松公爵开始逐渐干涉尼德兰事务，这是伊丽莎白不能容忍的。为了弱化法国势力，伊丽莎白再一次以自己的婚姻作为筹码，企图达到使阿朗松为英国服务的目的。1572—1576 年，伊丽莎白主动与阿朗松进行婚姻谈判，结局可想而知。但是到1578年，这桩婚姻又被人们提起，原因很简单，双方都想再次利用这一联姻为各自利益服务。一方面，阿朗松希望在推进尼德兰的计划中，能获得伊丽莎白政府的支持；另一方面，伊丽莎白希望借助阿朗松对抗西班牙在尼德兰的影响。但还是由于宗教问题（当时正值英国天主教势力兴风作浪之时），这一桩婚姻受到大多数枢密院大臣的反对，而伊丽莎白又不愿与臣民过度为敌。到1579年11月，这桩婚姻又一次不了了之。

1580年是多事之秋，这一年，英国面临着严峻的国内外形势，特别是欧洲大陆局势的变故给英国带来了严重的打击。2月，葡萄牙国王亨利去世，西班牙腓力二世继承葡萄牙的王位。这一事件带来的影响不仅是扩大了西班牙版图，更为重要的是，随着西班牙合并葡萄牙，西班牙的财政、军事实力也大大地增强，而这极大地威胁着英国。在如此困难的局面下，仅仅搁浅了几个月的与阿朗松的联姻问题第三次被提上日程。这一次，与阿朗松的婚姻谈判受到英国政界的普遍重视。1581年8月中旬，阿朗松率兵成功占领了尼德兰的弗兰德地区，但苦于得不到法王的资助，很难有任何大的举动。在这紧要关头，伊丽莎白向阿朗松提供了3万镑贷款，这一雪中送炭的举措轻易地拉拢了阿朗松，更成功地打破了太后凯瑟琳的法西联姻计划。当年10月，阿朗松到英国寻求进一步帮助。此后阿朗松在英国的3个月被史学界认为是伊丽莎白整个联姻外交的最高峰。因为不管之前伊丽莎白与多少个国家进行婚姻谈判，但她一直没有表现出太强烈的意愿——与其结婚，但是这一次，伊丽莎白一反常态的表现令人讶异。1581年11月22日，“伊丽莎白与阿朗松以及法国大使等人在白厅的长廊上行走时，伊丽莎白当众吻了阿朗松，还与他交换了戒指”，并告诉身边的法国大使，阿朗松将会成为她的丈夫。这一举措使法王亨利三世看到了法英联姻的希望，从而成功地增加了英法谈判的筹码，也向腓力二世显示了英法之间的团结，使他不敢对英国轻举妄动。

图 8—4　成为伊丽莎白一世或爱德华八世

资料来源：笔者自制。

总之，伊丽莎白女王在婚姻问题上与后来的爱德华八世截然相反。爱德华八世为了个人婚姻生活的幸福，毅然决定放弃王位，娶已婚的辛普森夫人为妻。而伊丽莎白女王则为了国家的利益，以婚姻为棋子博弈，穿梭于西、法之间，为英国最大限度地谋求势力平衡。所以说，伊丽莎白女王施展的婚姻谈判，体现的不再是中世纪的特征，而是以婚姻为手段的近代均势外交。

第六节　好戏互动

连连看

1. 玛丽二世和威廉三世的“媒人”是________。

2. 玛丽二世和威廉三世联姻的“结晶”之一是________。

英法战争

英西战争

3. 西班牙衰落后，________后来成为17世纪英国青睐的“择婿对象”。

尼德兰

比利时

葡萄牙

意大利

参考文献

胡莉：“论威廉三世对英国外交的改变”，《陕西师范大学学报（哲学社会科学版）》2014年11月，第43卷第6期。

袁广雪、张世昌：“论伊丽莎白一世时期的联姻外交”，《西昌学院学报·社会科学版》2012年。

朱志辉：“联姻：封建王朝的外交特色”，《世界历史》1990年第4期。

史晓红：“从17世纪西欧三强争霸看威廉入主英国之原因及结果”，《史学月刊》1998年第5期。

付静：“女王伊丽莎白一世的婚姻外交”，《历史教学》2004年第8期。

洪邮生：“欧洲外交和‘光荣革命’”，《苏州大学学报（哲学社会科学版）》1990年第3期。

“The House of Stuart: William III and Mary II”, English Monarchs. 2004. Retrieved 18 September 2006.

Van der Kiste，John（2003）William and Mary. Stroud，Gloucestershire：Sutton Publishing

Waller，Maureen（2006）. Sovereign Ladies：The Six Reigning Queens of England. London：John Murray.

尾　论

趣味外交学：未尽的尝试

从申报课题，到接到通知获批，之后进行开题报告，再到启动写作，项目进行已经一年多，该书是师生团队在本科生教学过程中互动的产物。

趣味外交学概念的最初萌发源于与张庆和王德义两位兄长兼同事的每周读书会。与其说是读书会，不如说是每周定期的碰头会，海聊，吃饭喝酒，然后就是家长里短，形式多样，议题丰富，好似在书上看到的神仙会。正是源于这样的神仙会，各种平日里难以发现的东西在轻松的环境中得以显现，趣味外交学正是在这样的环境下诞生的。

有了这样的想法，当看到重庆市社会科学普及项目时，笔者便第一时间撰写了申报书，并在组内展开讨论。因为一贯重视参与各种项目申报，且大多项目自从提交了申报书后基本都是石沉大海，所以对趣味外交学并未抱有希望。当接到学校科研处老师的电话，告知要及时填报申报书时，笔者才获知项目得以批准。

在重庆市社会科学联合会组织的开题报告中，各位专家对课题的期待和点评给团队成员以极大的鼓励。特别是会议结束后，社科联领导现场宣布，所有课题的经费翻倍，顿时赢得团队成员的热烈掌声。

项目实施后，根据前期设计以及专家建议，团队成员对课题进行了重新规划，并及时开始了写作工作。写作过程中，成员不断提出新的构思，不仅完成了趣味外交学的既定目标，在此过程中还提出了立足重庆特色的《渝宴——重庆市外事宴请研究》《山城印象——重庆使领馆研究》以及《使领馆案例研究》等诸多具有生命力的选题，勾画了下一阶段的研究路径。

更为重要的是，团队成员中有多位同学所申报的课题或项目均在不同领域得以获批，他们所秉持的趣味外交学的理念得到所在领域同行的高度关注。趣味外交学所蕴含的势能引领了诸多领域的改革和发展方式。

外交学的趣味化努力刚刚开启，趣味外交学的生命力将无比强大。外交学沿着趣味化的方向发展，势必将外交学的“阳春白雪”引入平常生活，外交智慧将历久弥新。